스타일은
권력이다

퍼스널 스타일링 전문가가 알려주는 휴먼 스타일링의 모든 것

스타일은 권력이다

초판 1쇄 인쇄 2022년 7월 15일
초판 1쇄 발행 2022년 7월 21일

지은이 이언영

발행인 백유미 조영석

발행처 (주)라온아시아
주소 서울특별시 서초구 효령로 34길 4, 프린스효령빌딩 5F

등록 2016년 7월 5일 제 2016-000141호
전화 070-7600-8230   **팩스** 070-4754-2473

값 17,500원
ISBN 979-11-92072-67-8 (03320)

라온북은 독자 여러분의 소중한 원고를 기다리고 있습니다. (raonbook@raonasia.co.kr)

aura

스타일은
권력이다

이언영 지음

RAON
BOOK

  문명사적 대전환기에 살고 있는 우리들에게 자신만의 아름다움을 발견하는 것은 중요한 일이다. 저자가 알려주는 휴먼 스타일링 방법을 통해 자신감과 자존감을 높여 나를 성장시키고, 삶의 변화를 이끌어가는 지침서가 되길 바란다.

– 권민희 연성대학교 총장

  단순한 스타일링 지식이 아닌 갖춰야할 애티튜드와 패션인의 아이덴티티까지, 저자의 심도있는 가르침은 여전히 나에게 남아 뿌리가 되었고, 패션 산업에서 일하고 있는 지금까지도 공감하며 되새기고 있다. 유행과 타인을 따라 하는 스타일이 아닌 아이덴티티를 갖춘 '나만의 패션 철학'을 탄탄하게 쌓을 지침서가 되길 기대한다.

– 김효진 LF 온라인 패션 MD 과장

  아름다움을 만들고 진행하고 결정하고 완성하여 해결하는 스타일리스트는 창작의 산물이다. 저자는 그러한 아름다움을 책임지는 최고의 프레지던트다. 진심으로 책 출간을 축하한다.

– 오민 뷰티 아트 디렉터

이 책에 담긴 저자의 다양한 패션 노하우는 '느낌 있는 나! 매력 있는 나! 성공하는 나!'를 만들어 갈 수 있는 현실적이고 실천 가능한 내용이다. 그리고 나만의 드림 패션을 위한 가이드 역할이 되어줄 것이다. 이를 통해 나의 매력을 찾아 브랜드화시켜보자.

− 이금희 서울여자대학교 의류학과 교수, (사)한국패션비즈니스학회 회장

이런 책이 나오기를 기다렸다. 스타일링을 삶의 영역으로 확장한 책이다. 특히, 스피치에 관한 부분을 읽을 땐 고개가 절로 끄덕여졌다. 내가 사용하는 언어는 내가 누구인지를 보여준다. 들리는 말, 보이는 말, 마음에 남는 말까지 이 책과 함께 나 자신을 주도적으로 바꿔 나가자. − 임하나 잇스피치 대표, 前 한국경제TV 아나운서

일반적으로 중고생들은 대부분 교복이라는 제한된 스타일링으로 인하여 자신만의 개성을 강조한 이미지를 구축하기 어렵다. 이 책이 학생들에게 제한된 시간이지만 하교 후나 주말을 이용하여 교복에 구속된 이미지를 벗고 자신들만의 자존감을 드러낼 수 있는 스타일링 방법을 찾아 활기찬 학창 시절에 도움을 줄 것으로 생각된다. − 장재영 고양외국어고등학교 교직원

최근 자존감 저하 또는 상대적 박탈감으로 힘들어하는 분들이 많은 것 같다. 이로 인해 자존감 회복을 위한 일상생활에서의 구체적인 방법에 대해 도움을 상담받기도 한다. 저자의 휴먼 스타일링 노하우를 통해 외면과 내면의 조화가 이뤄져 자존감 회복의 중요한 기회와 발판이 될 수 있기를 바란다.

— 전경수 **수원밝은마음클리닉 원장**

이 책은 패션 스타일링 분야에서 오랜 기간 현장 실무, 대학에서 교육과 연구 등을 지속해온 저자가 독자들에게 스타일링을 통해 보다 나은 삶을 가꿀 수 있는 방법에 관해 이야기하고 있다. 단순히 외모에 국한된 스타일링을 넘어 어떻게 자신의 소신을 바탕으로 나만의 스타일을 기획할 수 있는지 다양한 방안을 제시한다.

— 홍나영 **이화여자대학교 신산업융합대학 의류산업학과 교수**

휴먼 스타일링의 시작,
나의 인생을 재정비하다

4차 산업혁명의 도래와 함께 인공지능, 빅데이터, 클라우드, 사물인터넷, 모바일 등은 우리 생활의 핵심 요소로 자리 잡고 있다. 그리고 이런 상황에 무섭게 찾아온 코로나19는 우리의 세상을 비대면 중심으로 재편했다. 이제 학생들은 화상강의로 교육을 이수하고, 직장인들은 재택근무로 회의와 업무를 수행할 뿐만 아니라 모바일을 통해 상품 대부분을 구매한다. 이렇게 우리는 손바닥만 한 크기의 모바일을 통해 세상을 보고 읽으며, 살아가고 있다. 그리고 그 손바닥만 한 크기의 세상은 매우 흥미롭고, 스타일리시하며 빠르게 각인되고, 또 빠르게 잊힌다. 우리는 그 작은 모바일 세상에서 내가 어떻게 보일까에 대해 늘 고민하고, '좀 더 있어 보이게', '좀 더 멋져 보이게' 돈과 시간, 노력을 아낌없이 투자한다.

나는 20대 초반부터 사람들이 좀 더 있어 보이고, 좀 더 멋져 보일 수 있도록 도와주는 사람으로 살아왔다. 일반적으로 그런 역할을 하는 사람을 '스타일리스트'라고 부른다. 그렇게 방송과 패션쇼 현장에 뛰어든 지도 이제 27년이 넘어간다. 스타일링 특강으로 시작하여 대학 강단에 선 지도 올해로 만 20년이 되었고, 현장 일을 정리하고 지금의 학교에 정착하여 전문 스타일리스트 인력 양성에 매진한 지 만 10년이 되어 올해 장기근속증서를 수여받았다.

스타일리스트로 일을 시작했던 20대 초반 시절부터 이제 50대를 앞둔 시점까지 사회·문화적 변화에 따라 패션, 뷰티 스타일도 끝없이 변화되어왔고, 트렌드를 반영한 스타일링의 테크닉도 같이 변화되어왔다. 그뿐만 아니라 내가 부여하는 스타일의 철학도 조금씩 깊어져갔다. 기업들도 마찬가지다. 모바일 속 그 작은 세상 안에서 고객의 시선을 사로잡기 위해 부단히 노력한다. 그 중 가장 효과적인 방법은 기업의 브랜드 이미지를 통해 고객의 시선을 잡고, 빠르게 머릿속에 각인시키되 마음속에 오랫동안 남게 하는 것이다. 기업은 자신들이 추구하는 이미지를 브랜드에 부여하여 고객들의 마음과 머릿속에 떠오를 수 있도록 만든다. 그래서 고객들이 기업 이미지를 통한 연상작용으로 상품이나 서비스를 구매하는 연계적 상호작용이 이루어지도록 한다.

과거에는 기업이 상품을 팔았다면 요즘 기업들은 이미지를 팔고 있다 해도 과언이 아니다. 그렇기 때문에 많은 기업이 기업

정신과 비전 및 목표 등의 기본 틀을 구축하여 B.I(Brand Identity)를 설정하고, 이를 효과적으로 표현할 수 있는 컬러, 로고, 글자체, 글자 크기 등을 선정하는 일련의 과정에 엄청난 시간과 비용을 투자한다.

예를 들어 우리가 쉽게 떠올리는 이마트의 노란색과 e라는 알파벳, 마켓컬리의 보라색, 애플의 하얀색 사과 로고 등은 전문가들의 오랜 노력과 시간이 만들어낸 브랜드 이미지의 결과물이다. 단순히 알아보기 쉽게 만들어진 모양이나 눈에 띄는 컬러를 선정한 것이 아니다. 그 기업이 지닌 정신과 히스토리가 모두 응축된 이미지 결과물이다. 이런 현상은 기업에만 한정된 게 아니다. 이제는 개인도 자기 자신을 알리고 그것을 통해 매출로까지 연계되도록 애쓴다. 1인 기업이나 창업을 염두에 두고 있지 않다 해도 마찬가지다. 어느 기업의 구성원을 희망하거나, 이미 한 기업의 구성원이라 해도 정확한 본인의 이미지 구축을 통해 원하는 기업으로 진입하거나 업무 달성, 승진 등의 생산적 결과를 얻을 수 있기 때문이다. 그러므로 본인의 이미지를 제대로 설정하여 스타일링하는 것이 매우 중요하다.

기업이 이미지를 구축할 때 기업의 정신과 비전, 목표 등으로 기본 틀을 수립하는 것처럼 개인도 깊은 사고와 성찰로 자신을 분석해야 한다. 이때는 비주얼적 요소인 체형, 얼굴형 분석뿐만 아니라 가치관, 사람과 일을 대하는 태도, 말투, 매너 등을 모두 포함해야 한다. 더 나아가 현재 하는 일, 앞으로의 계획 등을 면밀히 고려하고 검토하여 계획하여야 한다. 아울러 본인의 자아분석을 통해 어울리는 스타일을 구분하고 조화를 고려하여 선정한 후 스스로 이미지를 형성하는 요소, 즉 퍼스널 컬러, 퍼스널 이미지, 패션 및 뷰티, 스피치, 매너 등의 스킬을 익히고 습관처럼 몸에 배도록 스타일링 훈련을 하는 것이다. 즉 단순히 트렌디한 디자인의 옷을 입고 요즘 유행하는 메이크업을 따라 하는 보여주기식 작업이 아니다.

나는 그동안 해온 석·박사 과정의 연구를 통해 좋은 스타일은 단순히 멋져 보이는 비주얼적인 요소만이 아니라는 것 그리고 '패션과 뷰티를 아우르는 토탈 스타일과 이미지메이킹이 중요하다'라는 것과 함께 이제는 '휴먼 스타일이 핵심이다'라는 의미를 담아 이 책을 출간하게 되었다. 휴먼 스타일링은 토탈 스타일을 통한 자신감의 표현에서 확장된 자존감을 향상할 수 있는 중요한 행위이다. 휴먼 스타일링은 우선적으로 자신을 객관적으로 살펴보는 자기 분석부터 시작되기 때문에 이 시대를 사는 모든 이들에게 필요하다.

사실 자기 자신보다 자신을 더 잘 아는 사람은 없다. 그런데도 우리는 인생을 살면서 힘든 일을 마주하거나 무언가 시작하려고 할 때 본인의 생각이 맞는지, 틀린지 주변에 묻고 또 묻는다. 그리고도 확신이 서지 않아 일부는 점술가에게도 묻기도 하고, 다양한 그림이 그려진 타로 카드 운세를 보기도 한다. 하지만 앞으로는 스스로 묻고, 스스로 답해주어야 한다. 옷차림도 메이크업도 매너도 법으로 정해진 행동이나 룰이 있는 것이 아니다. 자신이 의도하는 이미지 창출, 휴먼 스타일링을 위해서는 본인의 라이프스타일에 관한 이해와 본인의 자아분석이 반드시 있어야 하며, 그것을 바탕으로 자신에게 어울리는 컬러와 디자인, 상황에 따른 스피치와 매너 등을 파악하여 스타일링 테크닉을 익히면 되는 것이다.

1장은 디지털 트랜스포메이션의 핵심이 무엇이고 휴먼 스타일링이 왜 필요한지에 관한 이야기를 담았다. 2장과 3장에서는 추천할 만한 휴먼 스타일링의 예시를 통해 휴먼 스타일링이 무엇인지에 관해 스스로의 질문과 답을 찾을 수 있도록 구성했다. 4장에서는 휴먼 스타일링을 위한 요소가 무엇인지 파악할 수 있도록 했으며, 5장에서는 자신에게 맞는 휴먼 스타일링 기획을 위한 구체화된 요소별 내용을 담았다. 마지막 부록에서는 그동안 여러 기업체, 협회 등에서의 특강, TV 출연, 학생들과의 면담 등을 진행하면서 받았던 다양한 질문 내용을 토대로 스타일링해법을 적어놓았다.

자아분석과 기획을 통한 나의 옷차림, 헤어와 메이크업, 말 한마디, 몸동작 하나하나가 상대방에게 보이는 나의 인상, 외면을 넘어 내면의 생각이며, 인격이고 인생이다. 이상적 가치관을 세우고 상황에 맞추어 본인 나름대로 원칙을 만든다면 그것이 본인의 정신적인 기준이 되고, 그것을 표현하는 스타일링 방법이 정립되는 것이다. 정립된 휴먼 스타일링을 통해 많은 사람에게 주목받자! 그리고 그들의 머리에, 마음에 오래 남을 수 있는 사람이 되어보자! 그것이 바로 이 시대를 사는 사람에게 필요한 능력이다.

이러한 능력이 발판이 되어 성공을 부르게 될 것이며, 마침내 권력을 발휘하게 될 것이다. 많은 사람이 권력의 의미를 '내가 상대방을 강제적으로 강압할 수 있는 힘'으로 종종 오해한다. 휴먼 스타일링에 있어 권력은 그런 의미의 권력이 아니다. 내가 가지고 있는 특별한 역량이나 능력으로 나 스스로 강하게 만들어 줄 수 있는 맨파워(Man Power)를 의미하는 것이지, 절대 누군가에게 불편함이나 어려움을 주는 힘으로 발휘되어서는 안 된다. 우리가 어떤 분야에서든 그 분야에서만큼은 독보적인 존재가 되기 위해 나 자신을 분석하여 목표와 로드맵을 선정하고 열심히 노력하는 것이 휴먼 스타일링의 시작이다.

올바른 권력을 향해 열심히 달리고 있는 우리를 그리고 열쇠는 자기 자신이 가지고 있다는 사실을 잊지 말자. 그러나 그 열쇠로 성공의 문을 여느냐, 주머니 깊은 곳에서 만지작거리다 끝나느냐, 그것도 아니면 아예 그 열쇠를 어디에다 두었는지조차 기억하지 못하느냐는 각자의 마음에 달려있다. 비록 지금은 스스로 부족하다고 생각할 수도 있겠지만 앞으로 미래의 변화될 모습을 상상하고 기대하면서 기획하고 부단히 노력한다면 변화무쌍, 무한경쟁 사회에서 생존은 물론이고, 맨파워와 올바른 권력을 가질 수 있다. 미래는 이미 와있다. 시간이 우리를 기다려주지 않는다. 되도록 빨리 체감하고 도전하여 나를 변화하자.

　　앞으로 나는 휴먼 스타일리스트로서 기획력이 부족하지만, 스타일링 테크닉이 부족하지만 등 '나는 ~지만'이라며 현재 자신의 부족함을 이야기하는 '지만족'들을 위해 자신만의 휴먼 스타일링 방법을 기획해주는 족장이 되고 싶다. 미래에 대한 걱정이 많은 우리 '지만족'들이 누구나 자신감 있고 자존감 높은 모습으로 삶의 변화를 통한 보다 나은 미래를 설계할 수 있게 된다면 더할 나위 없이 행복할 것 같다. 부디 이 책을 통하여 성공의 열쇠를 손에 꽉 쥐고, 열심히 달려고 있는 독자들에게 지름길을 알려주는 이정표가 되기를 바란다.

2022년 여름,

이언영

1장

돈과 사람, 관심을 끌어내는
휴먼 스타일링

2장

'있어 보이는'
휴먼 스타일링

휴먼 스타일링
기획 제안 7가지

1장 ●

돈과 사람, 관심을 끌어내는 휴먼 스타일링

디지털 트랜스포메이션의 핵심, 퍼스널 스타일

디지털 트랜스포메이션이 불러온 결과

디지털 트랜스포메이션(Digital Transformation)이란 다양한 디지털 기술을 이용해 기존에 존재하던 것을 개선하거나, 기존의 것을 새로운 것으로 대체하는 문화적 변화를 뜻한다. '디지털 전환(轉換)'으로 번역되는 이 용어는 스웨덴의 에리크 스톨터만(Erik Stolterman) 교수가 2004년에 발표한 〈정보 기술과 좋은 삶(Information Technology and the Good Life)〉이라는 논문에서 처음 사용됐으며, IT 기술로 인해 우리의 생활이 여러 국면으로 전환된다는 관계성을 강조했다.

스톨터만 교수의 말처럼 2022년 현재 우리는 일상의 많은 영역에서 디지털 트랜스포메이션을 접하고 있다. 음악을 듣고 싶으면 유튜브와 각종 스트리밍 서비스를 통해 바로 내려받은 음악을 들을 수 있고, 다양한 SNS를 통해 정보를 공유하며 지식을 습득한다. 코로나19라는 전 지구적 위기 상황에서도 우리는 원격 교육이라는 디지털 대혁신을 경험하며 디지털 공간 내에서 다양한 체험을 위한 언택트 기술을 맛볼 수 있었다.

서버 및 네트워크 등의 디지털 인프라가 구축되기 시작한 것은 1990년대이지만, 2000년대에는 이를 기반으로 e-커머스 시장이 활성화되면서 디지털 마케팅이 시장에 도입되었다. 이후 첨단 정보기술이 발달함에 따라 디지털 환경은 급속도로 변화했으며, 이는 2019년 발생한 코로나19로 더욱 가속화되었다.

디지털 트랜스포메이션은 과거의 산업혁명과는 다소 거리가 있다. 산업혁명은 기존의 것에 효율성 제고를 통하여 생산성을 향상하는 데 핵심을 둔 생산성 혁명이지만, 디지털 혁명은 기존의 것이 아닌 다른 효과와 가치를 창조해내는 데 더 중점을 두고 있다. 디지털 트랜스포메이션으로 과거에 사람이 직접 해야 했던 일들을 이제는 기계가 척척 해결하고 있으며, 심지어 사람만이 할 수 있는 영역까지 차근차근 침범해오고 있는 상황이다. 음식점을 예로 들면, 키오스크 기계를 통해 주문과 선결제가 완료되면 주방 안의 사람들이 햄버거나 커피를 만들어 고객에게 전달한다. 과거에 음식점의 카운터는 식당 주인이 자리를 지키는 곳이었지만, 지금은 그 자리를 키오스크 기계에 빼앗긴 셈이다.

앞으로 얼마나 많은 '휴먼'의 자리를 디지털 기기가 대체할까 상상해보니, 쓸쓸함이 밀려온다. 이러한 환경의 변화와 함께, 우리 사회는 많은 사람들이 각자의 가치를 드러내기에 어려움이 많은 구조로 점점 더 변해가고 있다.

한편으로는 다양한 업계의 전문가들이 마치 세계 국가대표 선수들처럼 활동하는 모습도 흔히 볼 수 있다. 국가대표는 그 어떤 분야보다 선수들의 실력과 보상에 따라 격차가 매우 커서, '정말 신이 아닐까?' 싶을 만큼 뛰어난 실력을 지닌 몇 명의 선수들만이 스타로 자리 잡는다. 그렇기에 스타가 되기 위한 땀과 노력, 치열한 경쟁이 말로 표현할 수 없을 만큼 엄청나게 요구되고, 이루어지는 세계이기도 하다.

그런데 지금은 이런 환경이 점점 모든 업계의 개인들에게까지 적용되는 추세이다. 따라서 자신을 스타화시킬 수 있는, 즉 '퍼스널 스타일링'이 구축된 사람들만이 자기를 브랜드화하는 '퍼스널 브랜딩'에 성공하게 될 것이다. 퍼스널 스타일링이 곧 퍼스널 브랜딩으로 이어지고, 그 성공 유무가 인생의 성패를 좌우하는 핵심 요소로 자리 잡게 된 셈이다.

"네 꿈이 뭐야?", "내 꿈은 인플루언서야!"

몇 달 전 아이가 다니는 학교에서 '드림 데이(Dream Day)' 행사가 있다며, 전체 학년 모두 본인이 희망하는 직업의 복장으로 꾸미고 오라는 안내문을 받았다. 아이와 어떤 직업을 택하여 그에 맞게 스타일링해볼까 의논했는데, 아직 아이가 어려서인지 이것저것 하고 싶다는 직업이 많았다.

결국 과학자, 특파원, 셰프라는 3가지 직업으로 압축하여 스타일링을 위한 준비물을 고민했다. 그런데 과학자와 셰프는 흔하게 떠올릴 수 있는 흰 가운과 셰프 모자 외에는 특별한 스타일링 방법이 없을 것 같았다. 결국 특파원으로 결정하고 정장 슈트를 입히고 마이크를 들려 아이를 학교에 보냈다. 나중에 학교에서 돌아온 아이에게 다른 친구들은 어떤 직업과 복장을 준비했는지 물어보았다. 그랬더니 많은 아이들이 인플루언서, 또는 유튜버를 직업으로 택하여 준비해왔다며, 자기도 특파원이 아니라 유튜버가 되고 싶다는 것이었다.

사실 놀랄 일도 아니다. 이제는 남녀노소를 막론하고 대부분의 사람들이 가는 곳마다, 먹는 음식마다, 자신이 행하는 행동마다 열심히 사진을 찍어 디지털 공간에 올린다. 단순히 하루의 기록이나 친한 사람들과의 소통을 위해 그렇게 하는 사람도 있겠지만, 대부분은 SNS 팔로워 수를 늘리고 영향력 있는 인플루언서가 되기를 희망하며 그렇게 SNS 활동을 하는 것이 어제오늘의 일이 아니기 때문이다.

물론 디지털 세계에서도 프로스포츠 세계 못지않게 스타가 되기는 매우 어렵다. 하지만 철저하게 스타일링을 기획하고 유지할 수 있도록 노력한다면, 개인의 격차가 큰 디지털 세계에서도 스타가 될 수 있다. 다른 사람과는 다른 자신만의 특별성과 독창성을 바탕으로 스타일링을 기획하거나, 남이 갖고 있는 요소라 해도 나만의 색깔로 퍼스널 스타일링을 완성한다면 기존의 것과는 현격한 차이가 있는 새로운 효과와 가치를 발휘할 수 있다.

인플루언서는 '퍼스널 라이프스타일'을 판다

현재 내가 교수로서 학생들을 가르치고 있는 스타일리스트 학과는 다양한 분야의 스타일리스트(방송 연예, e-쇼핑몰, 웨딩, 숍 스타일리스트)도 양성하지만, 홍보 업무의 PR전문가도 양성하고 있다. 따라서 그에 따른 교육과정도 마련되어 있다. 2012년부터 졸업생들에게 처음 실시한 홍보사 취업 매칭도 어느새 10년이 되었고, 홍보사로 처음 취업했던 학생 중 이미 본인의 홍보회사를 차린 졸업생들도 제법 생겼다. 이렇게 뿌듯함을 주는 졸업생들이 이제는 산업체 실무자로서 후배들을 위한 특강 시간을 다채롭게 채워주고 있다. 해마다 더 많이 성장해오는 졸업생들의 특강을 듣고 있으면, 새롭게 변화하는 패션 산업의 디지털 트랜스포메이션 현상에 놀라움을 감출 수가 없다.

패션과 뷰티 브랜드의 홍보를 맡아 진행하는 홍보사들은 스타일리스트, 잡지사 기자 그리고 인플루언서들과 협력적 관계를 갖는다. 과거에는 생소한 존재였던 인플루언서의 역할은 점차 확대되었고, 이제는 인플루언서를 통한 마케팅 비중이 가장 클 정도로 그 영향력이 커졌다고 볼 수 있다. 그렇다 보니 홍보사의 입장에서도 수없이 많은 정보의 홍수 속에서 성과를 극대화할 수 있는 인플루언서를 찾아 협업하는 것이 매우 중요한 일이 되었다.

인플루언서를 통한 마케팅은 일반적인 TV 광고와는 큰 차이점이 있다. 일반적인 광고가 대놓고 직접적으로 보여주는 홍보라면, 인플루언서의 홍보는 라이프스타일에 홍보 아이템이 녹아 있는 은은한 광고라고 볼 수 있다. 따라서 사실상 인플루언서의 라이프스타일을 판다고 해도 과언이 아니며, 그들의 라이프스타일이 매우 중요한 부분으로 자리하게 되었다.

그러므로 만약 인플루언서를 꿈꾼다면 남들과는 차이가 있는 자신만의 라이프스타일을 기획하고, 더욱 공감받을 수 있는 매력적인 스타일링을 통해 퍼스널 라이프스타일을 구축해야 한다. 또 단순히 아이템이 아니라 본인의 라이프스타일을 파는 것도 함께 담겨 있어야 한다. 그래야 손꼽히는, 진정한 영향력을 지닌 파워 인플루언서가 될 수 있다.

진실을 담은 인플루언서가 대중의 마음을 얻는다

진정성 없이 아름다움이라는 포장지로만 잘 싸서 꾸민 라이프스타일이라면 대중들은 이내 그것이 빈 깡통과 다름없음을 느끼게 된다. 반대로 진심을 담은 홍보는 소비자들에게 가까이 다가갈 수 있다. 좋은 예가 바로 프랑스의 파워 인플루언서인 카미유 샤리에르(Camille Charriere)다.

보통 인플루언서들은 브랜드와 협업 계약을 하고 홍보 결과에 따른 수수료를 받는다. 따라서 브랜드의 의견을 수렴하게 되는 것이 보통이다. 미국의 메이시스(Macy's) 백화점은 샤리에르에게 한 패션 홍보 프로젝트에 10만 파운드, 우리나라 돈으로 1억 원이 넘는 금액을 제시했다. 하지만 그녀는 자신의 이미지와 안 맞는다는 이유로 거절했다고 한다. 본인이 입은 의상이 자신과 어울리지 않으면 결국 자신의 콘셉트와 가치를 잃게 된다고 생각했기 때문이다. 큰 금액이긴 하지만 돈 때문에 본인의 취향을 잃으면 결국 라이프스타일을 잃는다고 판단했던 모양이다.

그런데 샤리에르는 타미 힐피거(Tommy Hilfiger) 컬렉션을 통해 그녀의 프렌치 스타일과 전혀 어울리지 않는, 만화에서 튀어나온 듯한 햄버거 패치로 장식된 데님을 선보이기도 했다. 또한 타미 힐피거 측에 자기만의 방식으로 진행해도 되는지만을 문의한 후 파리의 발코니를 배경으로 발렌시아가(Balenciaga)와 베트멍(Vetements) 제품에 타미 힐피거의 스웨트셔츠를 레이어드하여 나름의 스타일링을 완성했다. 브랜드에서 반발이 있을 만한 일이기도 했지만 7천 회 이상의 '좋아요' 공감을 얻으면서, 다시 한번 파워 인플루언서라는 위력을 보여주는 계기를 만들었다.

이 2가지 일화는 인플루언서에게는 절대적으로 진실성이 필요하다는 점을 보여준다. 머리부터 발끝까지 브랜드에서 원하는 대로 입어주면서 적당한 수익을 챙기는 것에 머무르지 않고, 본인의 라이프스타일을 고려하고 그에 걸맞는 스타일링을 통해 브랜드와 협의하고 자문할 줄 아는 진정한 전문인의 모습을 보여준 것이다. "나는 모델이 아닌 인플루언서다"라는 자신감을 바탕으로 한 샤리에르의 이 같은 행보는 진정성과 고유성을 인정받아 대중의 마음을 열기에 충분했다.

한 시간 이상 줄 서는 '런던 베이글 뮤지엄'

"그거 먹어봤어?"로 유명한 빵집

지금까지 나는 아침을 안 먹고 하루를 시작한 날이 손에 꼽을 정도로 적다. 건강검진을 받기 위해 금식을 해야만 하거나, 몇 년에 한 번 다이어트나 디톡스를 위해 금식한 날을 빼면 거의 없을 정도이다. 몇 년 전부터 바쁜 아침 시간을 줄여보고자 아메리칸 스타일의 식단으로 간단한 토스트와 달걀, 과일 등을 먹기 시작했지만, 그 이전에는 무조건 밥과 국이 차려진 한국식 식단으로 하루를 시작했다. 뻣뻣한 빵 쪼가리는 외국 출장이나 여행에서 어쩔 수 없이 먹는 것이라 여겼기 때문이기도 하다.

하지만 어느 정도 시간이 지나면서 가끔은 밥이 더 깔깔하게 느껴질 때도 있었고, 토스트 기계에서 막 튀어 오른 빵 냄새와

바삭함에 익숙해지면서 그것을 그리워하게 되기도 했다. 그리고 이렇게 빵에 대한 생각이 변하면서 맛있는 빵 찾기 프로젝트가 시작되었다. 빵순이, 빵돌이 등 빵을 좋아하는 주변 사람들에게 추천을 받기도 하고, 퇴근길에 교통체증을 감수하면서 유명하다는 빵집을 찾아 헤매거나, SNS에서 힙하다는 빵들을 찾아 저장해놓는 습관까지 생겼다.

'런던 베이글 뮤지엄'도 그중 하나다. '베이글의 성지'라고 불리며 SNS에서 여러 해시태그와 함께 사람들이 극찬을 아끼지 않길래 저장해두었는데, "런던 베이글 뮤지엄에서 베이글 먹어봤어? 지난주 주말 아침에 갔는데 한참을 기다렸네" 하는 지인의 말을 듣고는 나도 주말에 가봐야겠다고 마음먹었다.

오픈 시간에 맞추어 도착하기 위해 피곤에 젖은 몸을 일으켜 아침 일찍부터 한 시간 넘게 달렸다. 목적지는 안국역 근처, 주차장도 따로 없어 멀리 있는 주차장에 주차하고 불평하는 신랑과 아들을 뒤로하고 빠른 걸음으로 열심히 목적지를 향해 걸었다. 그런데 이게 웬일인가! 오픈 시간인 아침 8시보다 25분이나 일찍 도착했는데도, 이미 30명 넘는 사람들이 길게 줄을 서 있었다. 놀라운 광경에, 유명세를 온몸으로 체감하며 기대감과 긴장감으로 나도 서둘러 줄을 섰다. 혹시 내 앞에서 베스트 베이글이라고 추천받은 아이템이 다 소진되는 것은 아닐지 걱정하면서.

가장 한국적인 동네에 '런던'을 옮겨 놓다

멀리서부터 보였던 그곳의 외관은 그야말로 안국동 안에 있는 '작은 런던'이었다. 한 시간 가까이 아침 추위에 벌벌 떨다 들어가자 이국적인 유럽풍의 빈티지 인테리어가 우리를 맞이했다. 다양한 종류의 베이글은 유럽의 플리마켓을 연상케 하는 목제 상자에 종류별로 담겨 빈티지한 분위기와 조화를 이루었다. 다만 처음에는 천천히 베이글을 먹는 여유로운 주말 아침을 기대했지만, 결국 포장해올 수밖에 없었다. 너무 많은 사람과 촘촘히 붙은 테이블로 가게 안이 무척이나 북적였고, 아이와는 내부 착석이 불가하고 야외 좌석만 이용할 수 있었기 때문이다.

종류별로 한아름 구매한 베이글이 혹시나 식을까 품에 꼭 안고 차에 도착해서야 맛을 볼 수 있었다. 아이는 "엄마, 이거 사려고 새벽에 일어나 여기까지 온 거야?"라고 볼멘소리를 툭 던졌다. 그 말에 번쩍 정신이 들었다. '내가 왜 이 베이글 몇 개를 사려고 이 고생을 했지?'

왜 그랬을까? 그것은 런던 베이글 뮤지엄이 가장 한국적인 동네라 할 수 있는 북촌과 인사동 근처에 전혀 다른 느낌으로 연출한 유러피언 공간 스타일링 때문이라 할 수 있다. 이곳은 유럽의 노천카페를 연상시키는 야외 테이블과 인테리어, 빈티지 소품과 액자, 그림 등이 유럽의 유명한 빵집에 온 것 같은 착각을 불러일으킨다. 또 곳곳에 포토존을 마련하여 고객들이 유럽 감성을 느낄 수 있도록 했다. 점원들은 모두 흰색의 유니폼으로 전문성을 더하고, 노릇노릇 구워진 먹음직스러운 베이글이 돋보이도록 맛과 향, 색의 공감각적인 요소로 자극을 더했다. 그뿐만이 아니라 손글씨로 쓴 것 같은 메뉴판, 포장 봉투, 커피 종이컵, 홀더 등으로 통일감 있게 런던 감성을 표현하고 있었다. '맛'을 보기 전에 이미 '멋'으로 푹 빠져들게 하는 스타일을 보여주었기 때문이다. 왜 그곳이 '서울시 런던동'이라고 불리며 입소문을 타는지 알 수 있었다.

나도 핫플레이스에 줄 서는 사람이야

그 '서울시 런던동'에 줄 서 있던 30여 명의 스타일링도 기억에 남는다. 사람들은 이른 주말 아침에 향기로운 화장품 냄새와 스타일리시한 패션으로 그곳에 와서 사진을 찍고, 그 사진을 친구들과 공유하거나 SNS에 올리며 대기 시간을 보내고 있었다. "오늘은 일찍 왔더니 지난번보다는 앞줄에 섰네", "오늘은 사람이 더 많네"라고 이야기하면서 짜증 내는 사람 하나 없이 익숙하고 재미있게 시간을 보내는 모습이었다. 나도 이곳을 알려준 지인에게 보고라도 하듯 가게 간판이며 줄 서 있는 모습이며 사진을 찍어 메신저로 보냈다.

이러한 현상은 일종의 포모(FOMO, fear of missing out, 다른 사람이 모두 누리는 좋은 기회를 놓칠까 봐 걱정되고 불안한 마음)를 자극한다. 그리고 그곳에 줄 서 있는 사람 대부분은 '나도 다른 이들처럼 이곳에 줄 서는 사람이야'라는 메시지를 온몸으로 전달했을 것이라는 생각도 든다.

하지만 무엇보다 중요한 건 바로 베이글의 맛! 그것이 런던 베이글 뮤지엄의 핵심 가치다. 만약 맛이 없었다면 멋에 빠지는 것은 잠시이며, 굳이 다시 오고 싶지 않다는 마음이 들었을 것이다. 그러나 기본을 지키는 베이글의 맛에 더해, 작은 런던을 떠올리게 하는 분위기와 핵심 가치를 잃지 않은 브랜딩으로 기다림의 시간이 아깝지 않게 했다. 그런 점들이 긴 기다림과 노 파킹, 노 키즈 존 등의 불편함을 무릅쓰면서도 손님이 몰리는 이유이며, 한번 그곳을 찾은 손님들이 다시 찾아오고, 다른 사람들에게도 공유하고 싶어지는 이유일 것이다.

'휴먼 분석'으로 뒷받침된 퍼펙트 스타일링

런던 베이글 뮤지엄의 성공 비결은 사람들의 욕구에 철저하게 맞춰진 스타일링의 결과라고 생각한다. 공감각적인 자극과 더불어 유행에 뒤처지지 않고 따라가고 싶어 하는 대중적 심리, 핫하다고 일컬어지는 같은 공간 내에서 동질감을 느끼고 싶어 하는 사람들의 심리를 철저하게 분석하고 저격했다. 즉 이러한

'휴먼 분석'을 바탕으로 완벽하게 기획되고 구성된 퍼펙트 스타일링이었기에, 수없이 등장하고 사라지는 여러 빵집들 중에서도 우뚝 설 수 있었던 것이다. 비단 빵집뿐만이 아니다.

'인생에 실패할 것이냐? 우뚝 설 것이냐?'

답은 정해져 있다. 목표가 있고, 대상이 있다면 그것에 따른 철저한 분석과 휴먼 스타일링으로 우리도 스스로 자신을 퍼펙트하게 만들어야 할 것이다.

소비의 패러다임이
디지털 세상과 연결되다

1인 가구 라이프가 디지털과 연결된 세상

2007년, 박사과정 중에 '대중매체를 통해 본 골드 미스의 상징성과 패션에 관한 연구'라는 주제로 소논문을 쓴 적이 있었다. 당시 소비의 중심으로 떠오르는 골드 미스(Gold Miss)를 고찰하고 패션의 특징을 연구한 내용이었다. 골드 미스는 학력이 높고 사회적·경제적 여유를 갖춘 30~40대 미혼 여성 계층을 일컫는 말로, 구매력이 높고 감성적 만족을 위한 소비행위를 많이 했던 이들을 공략하기 위한 마케팅 용어로 쓰였다.

그런데 그 시절 내 주위에는 실제로 골드 미스들이 참 많았다. 결혼을 뒤로하고 학위를 따려는 집단이 있었고, 내가 직업상 다소 '센 언니'들이 많은 패션과 스타일리스트 분야에 있었기 때문이기도 했다. 혼자 사는 여성의 라이프스타일을 어릴 때부터 곁에서 보았기에 그 시절의 소비 패턴을 몸으로 이해했던 부분도 있었다.

요즘은 나이나 성별에 상관없이 싱글 라이프가 대세다. 예전에 골드 미스였던 이들 중 대부분이 아직도 싱글이고, 친구 중에는 이혼 후 다시 싱글로 돌아온 '돌싱'도 있다. 또 30대가 된 후배나 제자들 중에도 싱글이 많으며, 아직 경제적으로 독립할 시기가 안 되었을 듯싶은, 내가 가르치는 학생들도 혼자 생활하는 경우가 허다하다. 내 주변만 해도 싱글족이 이렇게 많으니 사회적으로는 얼마나 많겠는가?

2012년 통계청은 2010년부터 네 가구 중 한 가구가 1인 가구이며, 1인 가구 수는 지속적으로 증가하여 2035년에는 세 가구 중 한 가구 이상이 1인 가구가 될 것으로 전망했다. 이러한 1인 가구의 증가는 1인 라이프스타일의 특징이 반영된 소비 패턴에 영향을 주고 있으며, 특히 MZ세대의 현재 만족형, 자기 중심형 가치 반영에 따른 소비 경향(본인 자신을 위한 투자를 기본으로 하는)이 고착화될 것이다.

게다가 이들 대부분은 손에서 핸드폰을 내려놓지 못할 정도로 디지털 세계에 빠져 살고 있으면서 서로 '있어 보이는' 라이프스타일을 적극적으로 공유한다.

순간순간 찰나의 행동들을 SNS에 시시각각 올리고 공유하기에 라이프스타일의 전파 속도는 더욱 빨라진다. 또 유튜브나 인스타그램 등은 시각과 감각에 치중한 사진과 영상 콘텐츠를 활용하기에 외국어 실력이 아주 뛰어나지 않더라도 타인에게 쉽게 전달할 수 있어, 이들의 라이프스타일은 점점 더 세계로 자유롭게 확장되는 중이다. 이 말은 곧 기업들이 MZ세대의 라이프스타일을 파악하지 않고는 경제의 흐름을 이해하거나 소비 시장을 장악할 수 없음을 의미한다.

기업과 개인의 생존을 결정하는 휴먼 스타일링

그렇다면 기업들이 긴장해야 하는 이유이자 경제의 흐름까지 변화시키는 '라이프스타일'이란 무엇일까? 라이프스타일의 개념은 세계 심리학의 3대 거장 중 하나인 알프레드 아들러(Alfred Adler)에 의해 처음으로 정리되었다. 아들러는 삶의 목적에서 오는 반복적인 사고, 감정, 행동 패턴이 라이프스타일이라고 정의하였다. 심리학적 용어였던 이 단어가 마케팅 관점에서 최초로 사용된 것은 1963년 라이프스타일을 주제로 열린 미국 마케팅 학회에서였다. 유명한 마케팅 학자들이 모이는 자리에서 윌리엄 레이저(William Lazzer) 교수는 라이프스타일이란 전체 사회 또는 일부가 가지는 독특하고 특징적인 생활방식이라고 정의했다. 좀 더 쉽게는 일, 사랑, 타인과의 관계 등을 포함하여 인생의 모든 순간순간에 나타나는 태도를 라이프스타일이라고 할 수 있을 것이다.

우리는 자신의 라이프스타일을 '좀 더 있어 보이게' 스타일링하고자 고심하며, 그 결과물을 디지털 세계에 업로드하고자 한다. 즉 자신의 라이프스타일을 인스타그래머블(Instagrammale, 인스타에 올릴 만한)하게 스타일링하여 많은 사람으로부터 '좋아요' 또는 '하트' 등의 공감을 받고자 한다. 공감해주는 팔로워 수가 많아질수록 영향력을 지닌 인플루언서가 될 수 있기 때문이다. 인플루언서가 되면 한 명의 개인에서, 나아가 기업의 중요한 마케터가 될 수도 있다.

패션업계에서 다양한 활동을 한 앰버 벤즈 박스(Amber Venz Box)는 패션과 뷰티를 다루는 전 세계의 인플루언서들을 대상으로 하는 최초이자 최대의 콘텐츠 수익화 플랫폼인 리워드 스타일(Reward Style)을 설립했다. 그녀는 인플루언서의 포스팅과 매출의 상관관계를 증명한 비즈니스 모델에 착안하여 회사를 설립할 계획을 세웠다고 한다. 이는 브랜드에서 홍보 수수료를 받고 크리에이터나 인플루언서를 활용하여 판매 기여도에 따라 5~20퍼센트 정도의 수고비를 지급하는 시스템이다.

앰버 벤즈 박스가 세계 최대의 콘텐츠 수익 창출 모델을 기획할 수 있었던 것은 그녀 스스로가 완벽하게 스타일링된 파워블로거이자 70만 명 이상의 팔로워를 움직이는 인스타그램 인플루언서였기에 가능했을 것이다. 그녀는 파워블로그를 운영하면서 자신의 패션과 스타일링을 선보이는 것은 기본이고, 팔로워에게 스타일링 컨설팅과 함께 오프라인 매장에 함께 방문하여 팔로워가 원하는 스타일로 아이템 코디네이션을 해주는 퍼스널 쇼퍼(Personal Shopper)의 역할까지 수행했던 경험이 있었다. 스타일링에 뛰어난 그녀의 능력이 기업을 설립할 수 있는 기획력으로, 그리고 가시적인 수익을 창출할 수 있는 수행력으로까지 발휘된 것이다.

위 사례를 통해 알 수 있듯이 휴먼 스타일링은 개인이나 기업에 매우 중요한 수익 창출 요소로 작용한다. 또한 지속적이고 업그레이드되는 스타일링은 해당 개인이나 기업의 생존을 좌우할 고유한 무기로 존재하게 될 것이다.

휴먼 스타일링 된 MZ세대와 아닌 MZ세대

MZ세대가 소비의 중심으로 자리하면서, 우리 사회는 MZ세대의 일거수일투족에 관하여 연구하고 있다. 무엇을 좋아하는지, 무엇을 하고 노는지, 무엇을 먹는지, 어떤 가치를 지니고 있는지, 인생의 목표가 무엇인지 등 쉬운 질문부터 다소 심도 있는 질문까지 계속 물음표를 던진다.

내가 학교에서 학생들을 가르친 지 올해로 20년째가 되었고,

첫 강의로 인연을 맺은 학생의 나이도 이제 40세가 넘었다. 매년 20~21세의 신입생들을 만나는데, 경기도에서 진행하는 청소년 프로그램 '경기 꿈의 대학' 사업에 참여했을때, 그 교육 대상은 고등학생이니 나와 함께한 모든 학생이 1980년대 초반부터 2000년대 초반을 일컫는 MZ세대의 범주 안에 있다.

그동안의 학생들을 쭉 기억해보면 세대가 지나면서 달라진 것도 있고, 한결같이 변치 않은 것도 있다. 우선 달라진 몇 가지 중 가장 큰 변화는 "남들이 모두 YES라고 할 때 NO라고 할 수 있어야 한다"라는 광고 문구처럼, 자기의 주장이 뚜렷해졌다는 것이다. 과거의 학생들은 본인의 의견을 주변 상황에 맞추어 강하게 드러내지 않았다면 요즘 학생들은 어떤 상황에서도 본인의 의견을 당당하게 표현한다. 어느 때는 다소 고집스럽게 관철시키려 하기도 한다.

또 하나는 교수로서 조금은 슬프고 답답한 일인데, 예전 학생들보다 요즘 학생들은 현저히 꿈이 없다는 것이다. 상담하다 보면 확실하게 느껴지는 부분이다. 예전에는 학생들이 "○○○가 되고 싶은데 어떻게 하면 될까요?", "○○○도 되고 싶고, △△△도 되고 싶은데 저는 어떤 분야가 어울릴까요?"라고 질문했다면, 요즘은 "되고 싶은 것도 없고, 하고 싶은 것도 없어요"라고 말하는 학생들이 더 많다. 경기도에서 청소년들에게 꿈을 심어주기 위해 만든 '경기 꿈의 대학'이라는 사업만 보더라도 꿈이 없는 학생들이 얼마나 많은지 알 수 있다. 학생들의 꿈을 찾아주기 위해 지자체에서까지 이렇게 노력하니 말이다.

반대로 예나 지금이나 한결같이 변치 않는 점은, 공부를 잘하고 못하고를 떠나 이것저것 관심이 많고 바쁘게 활동하는 적극적인 학생들은 시간이 흐른 뒤에도 사회의 중심이 되는 분야에서 활동하는 인물로 성장한다는 것이다. 반면 축 늘어져 수동적으로 학교생활을 했던 학생들은 사회 진입에 실패하거나, 진입은 했더라도 성취감 없이 월급날만을 기다리며 수동적으로 살아가고 있는 경우가 대부분이다.

좋아하는 것이 있어야 자신만의 정체성이 형성되고, 또 인생의 목표가 있어야 라이프스타일이 풍성해진다. 디지털 세상에서 누군가에게 멋있어 보이게 연출하려는 것도 자신의 라이프스타일을 보다 풍성하게 보이기 위해 스타일링하는 방법의 하나라고 할 수 있다.

물론 단지 '있어 보이게'만 연출하는 속 빈 스타일링이 아니라 자신의 꿈을, 즉 자기가 좋아하고 원하는 것을 직접 스타일링 하면서 내실을 키워가는 것이 중요하다. 자기가 잘하는 것, 잘하고 싶은 것, 계속해도 지겹지 않은 것이 바로 꿈이 될 수 있다. 지금은 남과 다른 특성, 고유성이 밥 먹여주는 세상이라 해도 과언이 아니다. 그러니 남보다 다른 자신만의 특성이 꿈으로 이어진다면 그 꿈은 더욱 창대해질 수밖에 없다.

전화기를 발명한 알렉산더 그레이엄 벨(Alexander Graham Bell)은 "초점을 맞추기 전까지 햇빛은 아무것도 태우지 못한다"라는 명언을 남겼다. 그의 말처럼 무엇을 불태울지를 결정해야 한다. 자신의 꿈, 인생의 목표와 목적이 분명할 때 원하는 결과가 돈이든 명예든 그 어떤 것이든 이룰 수 있다. 인생의 목표를 정하고 그에 따른 스타일링을 통해 꿈을 향해 달려가는 사람과, 목표도 없고 스스로 인생을 스타일링 하려는 준비나 노력도 없는 사람은 이미 출발선에서부터 격차가 크다. 시작부터가 다르므로 그들의 미래를 상상해볼 필요도 없다.

소비 패러다임은 스타일링 변화의 시작을 알려준다

동네 골목 안 작은 카페도 소비자의 트렌드가 바뀌면 소소하게나마 인테리어(In-terior)를 변경한다. 우리도 소비 패러다임의 변화에 따라 자신의 인테리어를 재배치할 필요가 있다. 시간적 여유가 없어서, 경제적 여유가 없어서 등의 이유로 차일피일 시간을 끌다 보면 시대의 흐름과 소비자의 니즈를 놓치게 되고, 어느새 대중들의 관심 밖으로 밀려나버리기 마련이다.

카페 인테리어, 즉 공간의 스타일링을 사람에게 대입하면 휴먼 스타일링이라 할 수 있다. 고작 동네 골목 안 작은 카페도 스타일링 타이밍이 이렇게 중요한데, 사람에게는 스타일을 위한 타이밍이 얼마나 중요할까?

유행을 잘 따라 하면 스타일리시한 사람으로 여겨진다. 설혹 자신만의 강한 패션 철학으로 유행을 피해 가더라도 큰 문제는 아니다. 그것은 그저 커피숍의 아웃테리어(Out-terior)에 해당하기 때문이다. 하지만 인테리어, 즉 내면의 스타일링은 다르다. 시시각각 변화하는 사회와 문화의 흐름을 직시하고 사회의 주역으로 우뚝 서려면, 반드시 올바른 가치와 목표를 기획하여 진정성 있는 휴먼 스타일링을 해야 한다는 것을 잊지 말아야 한다.

건물의 외관을 바꾸는 것도 중요하지만 공간 안의 분위기를 트렌드에 맞추는 것이 더 중요한 것처럼, 나의 프로필을 눈에 띄게 광고하기 전에 나를 정리하고 광고해야 할 자신의 핵심 요소를 파악하여 전략적으로 스타일링하는 것이 무엇보다 중요하다.

소비의 패러다임이 디지털 세상과 곧장 직결되는 세상, 나만의 스타일링으로 미래 전략을 기획할 때가 왔다.

휴먼 스타일은
패션 스타일이 아니다

나는 지금도 현장의 열정을 기억하고 있다

대학교 2학년 때부터 패션쇼, 방송, 광고 현장에서 종횡무진 뛰었다. 대학 입시에 실패하고 몇 달간 방황하는 시간을 거친 뒤, 나는 숨통을 틔울 곳을 찾아 가족들도 모르게 코디네이터(당시에는 스타일리스트라는 말도 없었다. 코디네이터 또는 코디라고 불리던 시절이었다) 양성 학원에 등록했다. 운이 좋게도 학원 수료와 동시에 바로 현장에 진입하게 되었고, 이후 대학 졸업과 함께 청담동에 작은 사무실을 얻어 창업을 할 수 있을 만큼 다양한 분야에서 일이 쏟아졌다. 훤칠한 모델에게 옷을 입히는 스타일링과 메이크업 업무는 어릴 적 수도 없이 했던 인형 놀이와는 차원이 다를 만큼 재미나고 흥미진진한 일이었다. 살아 숨 쉬는 누군가를 스타일링을 통해 더 아름답게 변신시키는 이 과정은 지금도 언제나 설레는 일이 아닐 수 없다.

그 후 대학에서 특강을 맡아 진행한 일이 계기가 되어 대학 강사로 진로가 바뀌었고, 뒤늦게 석사와 박사 공부를 하느라 자의 반 타의 반으로 이 설레고 재미있는 일을 줄일 수밖에 없었다. 하지만 지금도 나는 스타일리스트로서 현장에서 일할 때의 그 설렘과 열정, 가슴 뛰는 순간을 기억하고 있다. 그리고 그런 설렘과 열정, 그 뜨거움을 수업을 통해 학생들에게 전달하고 공유하고자 노력하고 있다. 그래서인지 우리나라 방송문화 콘텐츠 영역에서 다양한 스타일링 작업으로 영향력을 발휘하는 스타일리스트 친구들을 볼 때면 가끔 현장으로 뛰쳐나가고 싶은 충동이 들기도 한다. 물론 그때마다 나의 마음을 다잡아준 것은 우리 학생들이 성장하고 변화하는 모습이었다. 학생들을 가르치는 것은 설렘과 재미에서 한 발짝 더 나아간 가슴의 울림이자 따뜻함이고, 뿌듯함이었다.

스타일링이란 단순히 꾸미는 것이 아니다

지난 20년 동안 사람에게 어떤 옷을 어떻게 입혀야 하는지에 관한 다양한 과목을 강의해왔다. 스타일링이란 사람의 몸과 얼굴, 그리고 마음에 모두 옷을 입히는 작업이라고 생각한다. 내가 현장에서 스타일링 작업을 시작하고, 강의를 시작했을 때부터 한 번도 변하지 않던 생각이다. 그렇다면 '사람의 몸과 얼굴에 옷을 입힌다'라는 것은 무슨 의미일까? 멋지고 화려하고 또 남들보다 눈에 띄게 입히면 되는 것일까? 스타일링은 그런 방법론에 불과한 것일까?

일반적으로 '휴먼 스타일'이라고 하면 많은 사람이 단지 해당 무대에서 모델을 아름답게 표현하는 이미지 연출이라고 생각할 것이다. 하지만 그것은 어디까지나 패션에 국한된 스타일이다. 휴먼 스타일링이란 협의된 패션 스타일에서 벗어나 상황과 생각, 의미가 부여된 연출 활동이어야 한다. 현장 활동에서도 그저 연예인의 아름다운 모습만을 위해서 스타일링하면 대중의 반응을 끌어낼 수 없다. 배역 속 인물의 특징, 인물의 상황, 인물 사이의 관계와 전체적인 극의 스토리를 파악하여 스타일링 했을 때 진정한 이미지 연출이 되기 때문이다. 배우, 가수, 모델 등이 모두 자신이 맡은 역할을 100% 충족시킬 때 진정한 스타일이 완성되는 것처럼, 우리도 스타일링 할 때는 먼저 상황을 파악하고 원하는 이미지에 관한 깊은 고민과 계획이 있어야 한다. 그것에 맞는 패션, 뷰티, 스피치, 에티켓, 마인드까지 모든 것이 조화되어야 하는 것은 그다음이다.

비주얼과 마인드, 둘 다 놓치지 않는 파워 스타일

'스타일리스트과', '패션디자인과', '뷰티과'와 같이 스타일링과 관련된 이름을 가진 학과에는 꽤 스타일리시한 학생들이 주로 모인다. 하지만 트렌드에 민감하거나 자기만의 독특한 스타일 방법을 가진 학생들 중에도 알고 보면 겉모습만 스타일리시한 학생들이 많다. 예를 들어, 내가 만난 학생 중에 매우 화려한 학생이 한 명 있었다. 강렬한 컬러와 문양의 복합적 조화, 볼드한 액세서리 등으로 날마다 화려하고 재미난 스타일링을 선보였다. 그래서 '내일은 어떻게 스타일링하고 올까?' 하는 궁금증이 생길 만큼 본인의 비주얼 관리에 시간과 공을 많이 들이는 남학생이었다.

하지만 화려한 스타일링과 향긋한 향수 향과는 다르게, 그 학생은 매사에 불만이 많고 부정적이었다. 여러 번 불러 긴 시간 상담을 진행하고 나서야 가정환경의 어려움, 학교생활의 고민 등을 알 수 있었다. 마음속에 어려움과 부족함이 넘치는데, 그것을 감추려니 비주얼을 더 화려하게 치장하려고 한 것이었다. 여러 번의 상담을 통해 그와 나는 라포(Rapport)가 형성되고 신뢰가 쌓였다. 나는 그에게 의지할 수 있는 울타리가 되어주고자 했고, 그렇게 1년 반 정도의 시간이 흘렀다.

입대 전날 그는 내게 고맙다며 손으로 쓴 편지를 건넸고, 첫 휴가에는 군복을 입은 채 곧장 학교로 인사를 왔다. 나는 아직도 그 군복을 잊지 못한다. 그가 입었던 수많은 화려한 의상들보다 더 강렬한 인상을 남겼던 군복. 그 학생은 단단해진 마음으로 멋있게 성장하여 현재 스타일리스트로 활동 중이다.

내가 생각하는 휴먼 스타일은 패션과 뷰티 등 비주얼 스타일을 포함하되 가치, 사고 등의 마인드 스타일이 기반이 되는 파워(Power) 스타일이다. 그리고 파워가 있는 휴먼 스타일은 곧 단단한 내면의 힘을 기르는 것에서 시작된다고 생각한다. 그동안 강단에서 학생들에게 패션 스타일링을 위한 다양한 교과목을 가르쳐왔지만, 그때마다 그와 함께 사람으로서 가져야 하는 마음가짐, 문제를 바라보는 시선, 문제를 해결하는 사고와 계획, 행동의 가치 등 마인드 스타일링이 포함된 진정한 휴먼 스타일링의 중요성을 강조하고 있다.

퍼스널 스타일링을 완성하기 위한 방법

그렇다면 퍼스널 스타일링을 완성하기 위해서는 어떻게 해야 할까? 첫 번째로 필요한 것은 본인 스스로 자신의 아이덴티티(Identity)를 정립하는 일이다. 한 브랜드에서 상품을 시장에 출시하고 소개하려면 론칭 과정, 소비자의 선호도 등 제반의 것들을 조사하고 이에 근거해 제품의 아이덴티티를 설정하는 데 공을 들인다. 각 개인도 자기만의 가치 창출을 위해서는 본인만의 아이덴티티를 개척하고 정립하는 데 시간과 공을 들여야 한다.

두 번째로 필요한 것은 마인드 스타일링이다. 이는 정립된 브랜드 아이덴티티에 알맞은 내면의 단단함을 구축하는 것이라 할 수 있다. 자신의 역량을 파악하여 아이덴티티 안에서 가치나 사고를 정리하고, 부족한 부분을 채워나가는 스타일링을 해야 한다. 그렇게 내면이 단단해지면 스스로 부여한 가치에 어울리는 패션 스타일링을 하고, 또 그에 어울리는 말과 행동으로 이미지 메이킹을 한다. 그렇게 하여 비로소 나의 브랜드가 완성되는 것이다. 그렇게 만들어진 것이야말로 제대로 된 탄탄한 휴먼 스타일이며, 이를 통해 자신을 가꾸고 무장한다면 아무리 변화무쌍하고 치열한 사회라 할지라도 자연히 성공이 따라올 것이다.

2장 ●

'있어 보이는'
휴먼 스타일링

귀와 눈을 열게 하는
'찐' 스토리

세계를 제패하는 할머니 파워

21세기 후반의 패션·모델계는 시니어 세대가 중심으로 부상했다고 해도 과언이 아니다. 과거에는 시니어 모델 교육이라고 하면 "꾸부정한 할머니가 되지 맙시다!"와 같이 문화센터에서 이루어지는 자세 교정용 워킹 교육 정도로 생각했다. 그러나 요즘에는 전문 시니어 모델을 위한 아카데미, 오디션 등 다양한 커리큘럼이 생겼고, 운영도 더욱 체계적으로 이루어지고 있다. 좋은 기회와 훌륭한 모델 교육이 많아지다 보니 칠순의 모델인 엄미숙 씨가 세계 4대 패션 위크 중 하나인 파리 패션 위크의 런웨이에 서는 기적과도 같은 일도 일어났다.

패션·모델계뿐만 아니라 디지털 트랜스포메이션 시대에 디지털 소통을 통해 세계적인 기업인 구글의 관심을 받아 세계적인 스타가 된 노인들도 많다. 아직도 디지털 세상에 적응하지 못하는 젊은이들도 허다한데 노장들의 힘이 대단하다.

이제는 '할머니'라는 단어를 들어도 예전에 가졌던 다소 촌스럽고 예스러운 느낌이 아니라 인생을 즐기는 활기찬 어른의 느낌이 들기도 한다. 중년여성을 일컫는 단어인 '아줌마'에 '못할 게 하나도 없는 중년여성, 세상 무서울 게 없는 강한 여성'이라는 이미지가 포함되어 있고, 많은 이들이 그렇게 느끼고 있으니, 아줌마보다 더 센 할머니라면 상상을 초월하는 힘이 있는 것도 당연하지 않을까?

그동안 어려운 시대적 상황을 이겨내며 자식을 키워낸 단단한 힘을 기반으로 우리의 한국 할머니들은 다양한 분야에서 노년의 강렬한 파워를 보여주며 세계를 제패하고 있다. 그들이 우리에게 들려주고 보여주는 이야기는 그 어떤 스토리보다 꾸밈없다. 본연의 맛이 깊고 '찐하기' 때문에 굳이 꾸밀 필요가 없는 것이다.

세대를 넘어 편안하게 소통하는 밀라노 할머니

KBS2의 예능 프로그램 〈대화의 희열 3〉을 통해 은발의 멋쟁이 할머니 '밀라논나(Milanonna)'를 처음 알게 되었다. 그녀는 차이나칼라의 그레이 정장, 검정색 안경, 빨간색이 아닌 골드브라운의 립스틱 컬러 등 한눈에도 '멋쟁이 할머니'라는 생각이 들 만큼 세련되고 당당한 걸 크러시 이미지를 내뿜었다. 목소리에도 눈빛에도 강렬함이 방송 내내 배어 나왔다.

밀라논나 장명숙 씨는 1978년 밀라노로 패션을 공부하고자 유학을 떠났던 최초의 한국인 유학생이다. 예전 말로는 신여성이라고 하겠다. '밀라논나'라는 이름도 이탈리아의 지명 밀라노와 이탈리아어로 할머니라는 뜻의 '논나'를 합쳐 만든 이름이라고 한다. 국내의 첫 밀라노 유학생이라는 사실 외에도 우리가 알고 있는 명품 브랜드 '돌체 앤 가바나'의 CEO 도메니코 돌체(Domenico Dolce)와 스테파노 가바나(Stefano Gabbana)의 동기라는 사실 등 밀라논나의 인생 곳곳에는 강렬함이 묻어 있다.

그녀는 유학을 마치고 한국에 돌아와 1986년 아시안게임의 개·폐회식 의상디자인을 맡았고, 이때 최초로 디자인료를 받은 사람이기도 하다. 디자인료에 관한 개념이 없던 그 시절, 조직위원들에게 디자인료에 관해 이해시키기 위해 디자인 아이디어 북을 들고 조직위원회를 찾아가 "디자인료 주실래요? 아님 이걸 찢으실래요?"라는 당돌한 질문으로 본인 디자인에 따른 가치 비용을 이해시킨 주인공이다.

여성 대부분의 희망사항이 현모양처였던 사회 풍토 속에서 워킹맘으로 삶을 살아온 밀라논나의 이력은 워킹맘이 많은 지금도 존경하는 마음을 내려놓기 힘들게 만든다. 게다가 명품 브랜드를 한국에 입점시키는 큰 역할을 했던 최초의 명품 바이어로서 얼마나 많은 어려움이 있었을지 생각해보면, '대단하다. 대단하다'라고 되뇌게 된다.

70년이라는 세월을 살아오면서 그녀에게는 어려움의 순간들도 많았다. 아들의 뇌출혈 수술부터 휴가 기간에 일어난 삼풍백화점 붕괴사고로 한순간에 직장동료를 잃었던 일 등…. 나는 할머니 팔을 베고 누워 들었던 옛날이야기처럼 잔잔하게 본인의 이야기를 들려주는 그녀의 말에 자꾸 몰입하게 되었고, 그녀의 이야기가 자꾸만 더 듣고 싶어졌다.

밀라논나의 유튜브 콘텐츠도 마찬가지다. '몇십 년씩 입어온 셔츠 공개', '아웃렛 아이템 구입 방법', '결혼 상대를 어떻게 구하는지?', '40년 동안 같은 몸매 유지하는 방법' 등 명품 패션 바이어의 전문적인 지식뿐 아니라 할머니가 전해줄 수 있는 다양한 인생 팁으로 채워져 있다. 그녀는 '라떼는'을 운운하면서 젊은이들에게 인생을 살아가는 방법을 주입하지 않는다. 그저 본인의 이야기를 편안하게 전하면서 스스로 주체적인 삶을 살 수 있도록 가이드해준다. 밀라논나가 국적, 나이, 성별 관계없이 전 세계 젊은이들과 거부감 없이 소통할 수 있는 것은 바로 이런 이유에서다.

여운을 지닌 종소리 같은 은발의 그래픽디자이너

어느 날 시각디자인학과의 동료 교수님에게 또 한 분의 멋쟁이 은발 할머니의 유튜브 채널을 추천받았다. 처음에만 해도 나는 "아마도 본인의 전공과 관련이 있는 할머니 유튜브 방송이라 재미있다고 하나 보다. 그래도 은발 할머니라면 역시 패션 분야의 카리스마 밀라논나가 최고지!"라고 생각했다. 그렇게 알게 된 조현주 할머니는 밀라논나의 카리스마와는 달리 작고 단아한 외모에 조곤조곤한 목소리로 담백한 이야기들을 풀어나가는 모습이었다. 강하게 끌어당기지 않는데도 집중하게 되는 은은한 매력에 관심이 생겨 검색에 돌입했다. 그리고 TVN Story의 〈피플&스토리〉 프로그램에 출연했던 영상을 찾을 수 있었다.

조현주 씨는 1985년 KBS에 입사하여 1991년부터는 SBS CG팀에서 37년간 근무한 1세대 컴퓨터 그래픽디자이너다. 2022년 2월 정년을 앞두고 그동안 살아온 이야기와 앞으로 살아갈 이야기를 전하기 위해 유튜브를 시작했다고 한다. 방송국 이야기나 컴퓨터 그래픽에 관련된 영상이 많지 않을까 기대했는데, 콘텐츠 제목을 보면 '펄이지엥이 20대를 함께한 인생템', '평생 못 버린 인생템', '삶의 질 올라가는 살림 정리 꿀템' 등 할머니로서 직접 사용해보고 권해주는 아이템에 대한 내용이 많았다. 특히 '삶의 질 상승템 8가지'의 콘텐츠에 등장한 '데저트 디트리 치약, 사봉 바디스크럽, 목욕가운, 아베다 우든 패들 브러시, 덴스크 법랑 냄비, 지포 라이터, 멀티탭 정리함'은 구할 수 없는 아이템이 될 정도로 사람들에게 인기를 얻었다. 이것들은 '펄이지엥 할머니'가 20년 이상씩 써보고 추천하는 아이템들로, '신뢰 100%'의 아이템들이다. 화려한 말솜씨를 지닌 것도 아니고, '솔' 음역대로 판매 촉진을 유발하는 쇼호스트의 목소리도 아니지만, 저음의 작은 그 목소리에 이끌려 나 역시 아이템 구매를 위해 급히 검색을 시작하게 될 정도였다.

인생에 마침표는 없으니 쉼표에서 도전하라

2018년, 글로벌 기업 구글이 미국 본사에서 주최하는 행사에 우리나라 대표로 할머니 한 분을 초청했다. 바로 박막례 할머니다. 박막례 할머니는 2017년에는 미국 로이터 통신과 《워싱턴 포스트》, 잡지 《보그》 등에도 소개된, 구독자 130만 명을 거느린 세계적으로 유명한 70대 유튜버이다. 2022년 현재까지 '간단한데 짱 맛있는 대파 김치', '국물 찐한 잔치국수 레시피', '가루 커피 방정식' 등 재미있는 주제의 콘텐츠로 팔로워들에게 지속적인 사랑을 받고 있다.

박막례 할머니는 앞서 언급한 은발의 할머니들처럼 공부를 많이 했거나 세련된 신식 할머니의 모습이 아니다. '할머니' 하면 연상되는 빠글이 파마의 약간은 촌스러우면서 구수한 말투를 지닌 친근한 할머니의 모습이다. 1947년생으로 가난하고 남존여

비 사상이 짙은 가정에서 태어나 감히 공부는 생각도 할 수 없었고, 대가족 안에서 어려운 형편에 집안일을 하며 어린 시절을 보냈다. 20세에 결혼했지만 남편은 집을 나갔고, 홀로 세 아이를 키우며 식당일, 리어카 장사, 파출부 등 거칠고 어려운 일들을 하며 수십 년간 힘든 삶을 살아왔다.

오랜 세월 고생하며 몸과 마음이 많이 고단했던 탓인지, 치매 가능성이 높다는 의사의 소견까지 받았다. 이에 손녀인 김유라 씨가 "불쌍한 우리 할머니가 이대로 죽게 내버려둘 순 없다"라며 퇴사를 결정하고 함께 해외여행을 다니기 시작했고, 할머니의 영상을 하나둘 올리기 시작하면서 유튜브 채널 '박막례 할머니 Korea_Grandma'가 탄생하게 된 것이다.

할머니가 전해주는 신선하고 재미난 영상 콘텐츠들은 사실 손녀의 기획이 많은 부분을 차지하겠지만 할머니도 싫다거나 귀찮다고 하지 않고, 본인의 모습을 고스란히 드러내는 용기 있는 도전을 했기에 가능했다. 박막례 할머니는 여러 인터뷰에서 스스로 "인생이 부침개처럼 뒤집혔다"라는 말씀을 하셨다. 정말 힘들게만 살아왔던 70년의 인생이 상상할 수 없을 만큼 뒤집혔다.

노년에 치매에 걸릴지도 모른다는 터널과 같은 답답한 상황을 번쩍번쩍 빛이 나는 네온사인 미래로 만들었다.

그녀는 본인의 인생 모습을 공유하며 이 시대의 젊은이들에게 강한 메시지를 전달한다. 그 메시지는 "힘들다고 그만하면

안 된다", "절대 포기하지 말자. 잠시 쉬었다가 다시 도전해보자"
이다.

왕만두 같은 인생에 앙꼬는 진실성

앞에서 언급한 할머니들의 유튜브 콘텐츠들은 두부, 숙주, 김치, 고기, 당면 등 다양한 재료가 꽉 찬 왕만두 같다. 만두 속 재료처럼 할머니들의 인생 속 지침들이 가득 차 있다. 스스로 겪고 느낀 본인들의 체험으로 만들어진 지침들을 자식과 손주들에게 말해주듯이 사랑을 담아 전해준다.

화려하게 꾸며진 광고와 현란한 효과음으로 편집된 새로운 정보가 넘쳐나는 세상에서, 할머니들의 콘텐츠들은 수수하다 못해 초라해 보일 수 있다. 그럼에도 오히려 2030 젊은이들의 눈과 귀를 머물게 하는 묘한 힘이 있다. 또 새롭게 등장하는 수없이 많은 정보 속에서도 오랫동안 잔향과 여운을 남기며 머리와 가슴에 남는, 말로는 표현할 수 없는 희한한 매력이 있다.

그 이유는 아마도 그동안 인생을 진실하게 살아온 할머니들의 오랜 시간이 전해주는 신뢰감 때문일 것이다. 또 그동안 수없이 많은 인생의 고민과 어려움을 이겨내며 강한 의지와 노력으로 꽉 채운 인생 경험, 그리고 그것을 통해 인생 후배들에게 도움을 주려는 진실성 때문일 것이다.

이들의 콘텐츠에는 이러한 신뢰감과 진실성이 고스란히 전달된다. 그렇기에 수많은 사람들에게 지속적인 사랑을 받을 수 있었던 것이다.

공유와 이효리가
오래가는 이유

현대인의 아침엔 알람 시계 대신 커피가 있다

건강의 비결은 아침 공복을 따뜻한 물 한잔으로 시작하는 것이라는 이야기를, 건강을 다루는 TV 프로그램 등을 통해 오랫동안 들어왔을 것이다. 그러나 우리는 여전히 아침이면 진한 향기에 이끌려 모닝커피를 찾는다. '잠을 깨서 정신을 차리자'라는 생각에서, 또는 커피의 향과 맛에 중독되어서, 그리고 더러는 습관적으로, 커피는 현대인의 아침에 없어서는 안 될 필수 음료로 자리 잡았다. 그리고 이를 증명하기라도 하듯, 커피 시장은 여전히 계속 성장하는 추세다.

미국의 보도자료 배포 기업인 '비즈니스 와이어(Business Wire)'는 〈커피 앤 티 글로벌 마켓 리포트(Coffee and Tea Global Market

Report)〉라는 보고서에서 전 세계가 코로나 팬데믹으로 고통을 받는 동안에도 커피와 차 시장은 계속 성장했으며, 2023년에는 커피 시장이 1,911억 달러로 성장할 것이라고 예측했다('[신혜경의 커피톡] ㊳2022년 커피시장은 어떻게 될까', 《IT조선》, 2021. 12. 17.).

디지털 세대인 MZ세대가 SNS를 통해 최고급 취향의 커피와 멋진 카페 공간을 공유하며 커피 문화를 형성하고 있지만, 공간의 제약 없이 간편히 마실 수 있는 인스턴트커피도 빠질 수 없다. 《메가 경제》의 '동서식품, 40년 인스턴트커피 독주… 대항마가 없다'(박종훈, 2021. 6. 25)'에 따르면 2021년 4월까지의 판매 금액을 기준으로 한 인스턴트커피 시장점유율은 동서식품의 카누가 89.7%, 남양유업의 루카스나인이 2.9% 등으로 나타났다. 또 《한국금융》의 "커피명가' 동서식품의 이유 있는 변신'(나선혜, 2022. 1. 17)를 통해 카누의 누적 판매량을 살펴보면 출시된 2011년부터 약 4,000만 잔이 판매됐고, 2021년에는 15억 잔을 기록했다고 한다. 그렇다면 현재 인스턴트커피 시장의 강자 동서식품의 카누가 1위를 독주하는 것은 어떤 이유일까?

공유 없이는 카누도 없다

카누는 동서식품이 2011년 국내 업계에서 처음으로 출시한 인스턴트커피로, 카누를 떠올리면 자연스럽게 배우 공유가 떠오른다. 공유는 2007년 커피 소재의 드라마인 〈커피프린스 1호점〉에서 주인공을 맡았고, 이후 카누 모델로 발탁되어 2022년까지 카누 광고의 일등 공신이 되고 있다. 2019년 소비자가 뽑은 최고의 광고모델 조사에서도 1위를 기록했다(김현아, '공유, 2019년 소비자가 뽑은 최고의 광고모델', 《이데일리》, 2019. 12. 25.).

공유는 원두 볶는 모습, 커피 따르는 모습, 커피 건네주는 모습 등으로 대중의 마음을 사로잡았으며, 광고의 슬로건처럼 '세상에서 가장 작은 카페 카누'를 공유하고 싶게 만든다. 또한 공유가 브런치를 준비하는 '카누 브런치' 광고에서는 우리나라에 형성되어 있는 회의, 만남 등에서의 의례적인 브런치 문화와는 다르게 브런치와 함께 음미할 수 있는 커피를 강조해 새로운 브런치 문화에 일조하기도 했다.

이렇듯 공유는 카누 출시부터 10년이 넘도록 특유의 부드러우면서 세련된 이미지로 대중에게 신뢰감을 주고 제품에 트렌디함을 부여하여 브랜드 인지도와 선호도가 꾸준히 높아지게 한 모델이자 '인간 카누'이다.

사람들이 이효리에 열광하는 이유

얼마 전 신문 기사 검색을 하다가 이효리의 〈서울체크인〉 포스터를 발견했다. 조금은 촌스러운 레트로 감성의 포스터에 이효리의 여러 모습이 담겨 있어서, 재미있게 한참을 보았다.

무슨 내용인지 기사를 보니, 〈서울체크인〉은 김태호 PD가 연출한 봄 정규 방송으로서 2021 엠넷 아시안 뮤직 어워즈의 호스트를 맡아 서울을 찾은 이효리의 일거수일투족을 담은 프로그램이었다. 이 프로그램은 '서울에서 스케줄을 마친 이효리가 어디에서 자고 누구를 만나고 어디를 갈까?라는 호기심에서 출발한 파일럿 콘텐츠'라고 한다. 2월 4일 CJ ENM 계열 온라인 동영상 서비스(OTT) 티빙 공개 후 티빙 전체 콘텐츠 중 유료 가입 기여자 수 1위를 기록하고, 유튜브에 공개한 예고편, 하이라이트 등 클립 영상 조회 수가 400만 뷰가 된다고 보도되었다. 나 역시 나도 모르게 입가에 웃음이 번지면서, 얼른 보고 싶다는 충동이 몰려왔다. 우리는 왜 이효리의 일거수일투족에 열광하는 것일까?

1998년 핑클이라는 그룹으로 데뷔한 요정 같은 이미지의 이효리에서 솔로 활동과 함께 핀업걸로 변신한 이효리는 다시 결혼과 함께 제주 아낙네로 변신했다. 또 발표했던 앨범마다 스타일링 변신도 다양했는데, 모두 원래부터 본인의 스타일인 양 척척 다 어울렸고, 예능프로에서는 농 짙은 입담과 타고난 털털함으로 대중의 마음을 사로잡았다. JTBC 〈효리네 민박〉에서 이효리가 보여준 이미지는 과감하게 민낯을 드러낸 소탈하고 정겨운 모습이었다. 그렇게 그녀의 삶이 적나라하게 보여지면서 예전의 짙은 화장과 요염한 스타의 모습은 우리의 머릿속에서 까맣게

잊혀지는 듯했다. 그러나 그녀는 다시 MBC 프로그램 〈놀면 뭐 하니?〉에서 엄정화, 제시, 화사와 함께 환불원정대 그룹을 결성하고 리더 천옥 역할로 '센 언니'의 표본으로 돌아왔다.

끝이 없는 변신의 귀재 이효리. 이번 TVING 채널의 〈서울체크인〉에서는 강하고 화려한 무대 위의 모습과 소탈한 인간 이효리의 상반되는 두 모습을 모두 볼 수 있다는 점이 대중의 관심이 더욱 커지는 이유인 것 같다.

향기 나는 인성의 소유자

실시간으로 변화하는 연예계 시장에서 뜨겁게 쏟아지던 대중의 사랑이 얼음장처럼 금세 식어버리는 경우는 비일비재하다. 호감형 톱스타가 뉴스에서 이슈가 되며 대중의 질타를 받게 되는 경우도 적지 않다. 그런데 인간 카누 공유와 변신의 귀재 이효리가 긴 시간 동안 한결같이 대중의 관심과 사랑을 받는 이유는 뭘까?

바로 그들이 가지고 있는 향기 나는 인성 덕분이다. 반듯하고 다정한 공유와 가식 없이 소탈한 이효리는 모두 사람 냄새 나는, 좋은 향기를 품고 있는 연예인이기 때문에 잊히지 않고 늘 우리 마음과 머릿속에 자리 잡을 수 있었던 것이다. 그들이 지니고 있는 인성과 인생의 가치가 단단하기 때문에, 그들의 퍼스널 아이덴티티가 제대로 구축될 수 있었기 때문이다.

우리도 우리가 속한 조직에서, 더 나아가 우리가 속할 많은 조직에서 한결같이 잊히지 않으려면 변치 않는 자신만의 향기를 가져야 한다. 조제된 향수의 인위적인 향기가 아니라, 자연스럽게 계속 우러나오는 고유한 향기를 갖기 위해 노력해야 한다.

불호가 많아도 괜찮은
황재근 스타일링

도전을 통해 얻은 나를 알리는 기회

일요일 저녁이면 우리 집 식구들은 거의 MBC 미스터리 음악 쇼 프로그램인 〈복면가왕〉을 보며 시간을 보낸다. 〈복면가왕〉은 2015년 4월 봄 개편 이후 지금까지 7년 가까이 주말 저녁 시간을 지키고 있는 MBC의 장수 프로그램이다. 시청자들은 다양한 장르의 음악을 들으며 편안함을 느낄 수 있고, '가면 속 가수가 누구일까?' 하는 재미와 '누가 승리할까?' 하는 긴장감까지 더해져, 이 프로그램은 많은 흥미 요소를 가지고 있다. 또한 하나밖에 없는 독특한 가면도 프로그램의 장수 요소로 한몫하고 있다.

〈복면가왕〉의 독특한 가면 디자인만큼이나 그 가면들을 디자인한 황재근 디자이너도 독특하다. 빡빡 머리에 찰리 채플린을 연상시키는 콧수염까지, 생김새도 독특하고 웃음소리와 손동작도 매우 독특하다.

내가 황재근 디자이너를 처음 본 것은 2011년 온스타일(ONSTYLE)에서 방영된 〈프로젝트 런웨이 코리아 시즌 3〉 프로그램이었다. 차세대 TOP 디자이너를 선발하는 서바이벌 리얼리티 프로그램이었는데 같은 분야의 전공자로서, 또 패션을 가르치는 교수로서 시즌 1부터 올스타까지 모든 시즌을 몰입하여 보게 되었다. 처음부터 외모와 말투가 독특했던 황재근 디자이너는 창의성 높은 디자인을 보여주었고, 또 올스타전의 최종 우승자였기 때문에 오래 기억에 남았다.

〈프로젝트 런웨이 코리아 올스타〉의 최종 수상자가 된 황재근 디자이너의 인터뷰 기사를 읽은 적이 있다. 그가 2011년 이 프로그램에 참여하게 된 동기에 관한 내용이었다. 〈프로젝트 런웨이 코리아 시즌 3〉의 제작팀은 처음에 서울대학교 학생을 캐스팅할 계획이었는데 희망자가 마땅치 않아 고민하다가, 서울대학교에 시험을 위해 방문했던 황재근의 포트폴리오를 본 서울대학교 학생들의 추천으로 출연하게 되었다고 한다. 또한 2013년 〈프로젝트 런웨이 코리아 올스타〉에 섭외되었을 때는 패션 위크 기간이었음에도 본인의 디자인을 많은 사람들에게 보여주기 위해 출연을 결정했다는 기사였다.

전혀 알지 못하는 서울대학교 학생들에게 추천을 받을 만큼 훌륭한 포트폴리오에 담겨 있던 그의 실력, 서울대학교 학생이 아니지만 당당하게 출연을 결정한 점, 패션계에서 큰 의미를 가지는 패션 위크를 포기하고 프로그램에 참여한 점 등 황재근의 새로운 도전은 그를 최종 우승자가 될 수 있게 했고, 그의 독특한 디자인이 필요했던 타 방송국의 프로그램 〈복면가왕〉을 통해 더 많은 대중에게 본인을 알릴 수 있는 기회가 되었던 것이다.

흙수저 황재근의 노력

황재근은 세계 3대 패션 스쿨이라고 불리는 벨기에 앤트워프 왕립 예술학교(Royal Academy of Fine Art Antwerp)의 한국 최초 졸업생이다. 드리스 반 노튼(Dries Van Noten), 마틴 마르지엘라 (Martin Margiela) 등 유럽의 유명한 브랜드를 이끄는 디자이너들과 동문으로 어깨를 나란히 하는 실력의 소유자이다. 그의 디자인이 매우 독특하고 창의적인 이유는 패션 스쿨 중에서도 창의적인 아이디어를 요구하는 앤트워프 왕립 예술학교의 영향이 아닐까 하는 생각이 든다. 물론 본인이 남다른 창의력을 가지고 있었기에 입학할 수 있었을 것이다.

일반적으로 유럽의 유명 패션 스쿨에서 유학했다고 하면, 많은 사람들이 '집이 좀 잘사나 보다'라고 생각할 것이다. 하지만 사실 그는 유학 중 어머니의 사망 소식에도 비행기 표를 구입할 돈이 없어 한국에 바로 올 수 없을 만큼 가난한 흙수저 출신의 유학생이었다고 한다.

입학도 졸업도 어렵기로 소문난 앤트워프 왕립 예술학교를 졸업한 한국인 최초 졸업생이라는 것만으로도 의미가 있는데, 가난과 부모님이 돌아가시는 어려움 속에서도 포기하거나 좌절하지 않고 버티고 버텨 모든 과정을 마친 황재근의 노력은 그 무엇보다도 값지다 하겠다. 그런 인내심이 그를 어느 분야보다도 실시간 경쟁이 치열한 패션계에서 버티게 한 힘으로 발휘되었고, 본인의 브랜드를 만들고 자신만의 디자인 세계를 구축하는 데 단단한 뿌리가 될 수 있었을 것이다.

나는 황재근을 오늘의 자리에 있게 한 큰 이유가 바로 이런 '단단함'이라고 생각한다. 정신의 근력은 넉넉함에서 오는 것이 아니라 부족하지만 꾸준히 채워나가는 인내심과 지구력에서 비롯된다고 생각한다.

디자인 철학으로 만들어진 '제쿤'

제쿤(ZE QUUN)은 황재근의 패션 브랜드이다. 제쿤 브랜드의 디자인은 독특하고 화려하며 전위적인 디자인이 많다. 그래서 일반인들이 보거나 입기에는 다소 어려움이 있다. 돈을 벌어다 주는 디자인은 아니다. 하지만 황재근은 경제적인 이유로 제쿤의 아방가르드 패션 스타일을 변경하지 않았다. 오히려 확고한 브랜드 아이텐티티를 가지고 조금은 느리더라도 대중에게 알리고자 노력하고 있다.

패션 시장은 특히 하루하루가 변화무쌍하고 치열한 전쟁터 같은 곳이다. 이곳에서 본인의 확고한 브랜드나 디자인 철학이 없으면 오랫동안 버텨내기 어렵다. 황재근이 만일 대중적인 의상을 만들었다면 지금보다 돈은 더 벌 수 있었겠지만 본인이 꿈꾸고 원했던 디자인 세계를 오랫동안 유지하기는 힘들었을 것이다. 확고하게 지켜온 디자인 철학으로 단단한 제쿤 브랜드의 디자인은 그를 성숙시키고 발전시켰다. 대중에게 황재근이라는 디자이너와 그의 아방가르드한 디자인이 알려지고 또 그것을 좋아하는 팬들이 생기고 있기에 앞으로 더욱 발전하며 강한 힘을 발휘할 것으로 기대된다.

비호감이 많은 황재근 스타일링

황재근이 TV에 입고 나오는 의상의 대부분은 제쿤 브랜드 의상이라고 한다. 강한 이미지를 보여주는 디자인과 강렬한 색감, 독특한 소재와 문양 등으로 표현된 황재근의 스타일링을 보고 일부 시청자는 멋있다고 생각하겠지만, 반대로 "너무 이상하다"라며 비호감을 갖는 이들도 많을 것이다. 개성이 강한 황재근의 스타일링은 단지 의상뿐만이 아니다. 민머리의 빡빡이 헤어 스타일, 약간 구부정하게 앉아 있는 모습과 손동작, 일반적인 남성의 목소리보다 얇고 높은 톤의 말투와 웃음소리 등이 모두 일반인에게는 비호감 요소로 작용할 수 있다. 하지만 비호감이 많아도 괜찮다. 그런 비호감 평가에 쉽게 흔들리지 않을 만큼 그의 스타일링에는 스토리가 있고 확실한 디자이너의 생각, 즉 철학이 담겨 있기 때문이다.

그의 스타일링은 겉으로 나타나는 외적 스타일링뿐만 아니라 내적 스타일링이 얼마나 중요한 것인가를 보여주는 좋은 예이다. 그동안 인내심을 기반으로 열심히 공부하고, 디자인을 개발하여 대중에게 다가간 황재근 디자이너의 모습은 곧바로 호감을 얻지는 못할지라도 분명 새롭고 신기할 것이다. 그리고 그의 디자인 철학과 삶을 응대하는 모습을 통해 점차적으로 호감으로 전환될 것이라고 생각된다. 우리도 제쿤의 확고한 아이덴티티처럼 자기 스스로에게 부여한 아이덴티티가 얼마나 단단한지 한 번쯤 뒤돌아보면 어떨까. 자신만의 확고한 철학이 있는 것은 매우 가치 있는 일이다. 나는 황재근의 오늘을 가능케 한 두 번째 근력은 바로 이런 확고한 철학을 바탕으로, 남들의 시선이나 눈치 따위는 개의치 않는 자신감이라고 생각한다. 그래서 '불호'가 많아도 '호'를 믿고 나아갈 줄 아는 뚝심이 그를 오늘도 당당한 디자이너 황재근으로 설 수 있게 한다고 여긴다.

정치인, 디자이너,
CEO 스타일링의 공통점

정치인이 염색하는 이유

24시간 돌아가는 공중파, 케이블, 인터넷 방송까지, 방송 채널마다 아직까지도 정치 이야기가 가득하다. 지난 대통령 선거를 거치며 많은 사람들의 입에서 윤석열, 이재명, 안철수의 일거수일투족에 관한 개인적인 평가가 이루어지고, 갑론을박이 한창이었다. 그런데 우리나라에서는 항상 총선이나 대선 일정 앞뒤로 그들의 패션에 대한 평가가 따라다닌다. 뿐만 아니라 대통령과 영부인의 해외 순방 패션도 종종 중요하게 다루어지곤 한다. 우리나라의 대표 인물에게 표현된 이미지는 단순한 패션의 문제가 아니라 그 사람의 생각과 신념을 나타내는 상징적인 의미를 가지기 때문이다.

이재명 대통령 후보는 염색한 머리에서 흰머리로 변신하면서 형수 욕설 사건 등으로 인해 포악해 보였던 부정적인 이미지를 부드러운 이미지로 쇄신하고자 하였다. 또한 상대 후보들과의 토론회 이후 나이가 들어 보인다는 일부 국민과 당원들의 의견을 수렴하여 다시 염색하여 검은 머리로 돌아왔다. 그리고 현재는 대한민국 대통령이 된 윤석열 후보도 당선 이후 예전의 꾸미지 않은 듯한 자연스러운 모습에서 이마를 드러낸 헤어 스타일, 컬러에 통일감을 준 패션 스타일 등으로 세련되고 반듯한 모습으로 스타일에 변신을 시도했다.

과거와는 달리 대선 후보뿐만 아니라 선거를 앞둔 모든 후보의 정치 행보에는 전문 이미지 컨설턴트가 스타일링 과정을 함께하는 경우가 많다. 정치적 성향에 따른 컬러 선정부터 전체적인 이미지메이킹을 위해 T.P.O.[시간(time), 장소(place), 상황(occasion)]에 맞는 패션 스타일링을 선보이고 있다.

이인제의 블루 셔츠와 점퍼가 가져온 변화

요즘 젊은이들은 잘 모르겠지만 정치인 가운데 기존의 패션 스타일에 큰 변혁을 일으킨 사람은 1997년 제15대 대통령 선거의 후보로 나왔던 이인제 신한국당 후보였다. 과거 대통령 후보들은 토론회장, 건설 현장, 재래시장 등 어느 곳을 방문하든 모두 잘 차려입은 정장 차림으로 정갈한 후보의 이미지만을 고수했다. 그러나 1997년 제15대 대통령 선거는 달랐다. 당시 이인제 후보는 블루 셔츠에 점퍼 차림으로 현장을 돌아다니며 정치 행보를 함으로써 직접 뛰는 후보, 노동의 가치를 아는 후보, 서민을 읽는 후보의 모습을 표출했던 것이다.

대학생 신분으로 현장 업무를 일찍 시작했던 나는 그 당시 기업 CEO들의 인터뷰 사진 촬영을 위한 스타일링 업무를 많이 접했다. 마치 공식과도 같았던 화이트 셔츠에 반듯한 넥타이, 정장 재킷의 칼라와 셔츠 칼라의 똑떨어지는 라인 연출, 선명한 눈썹과 입술 라인, 부드럽되 패기 있어 보이는 얼굴 윤곽 처리 등 기존의 문법에서 블루 셔츠와 점퍼, 운동화는 신선한 자극이었다.

당시 이인제 후보가 대통령 선거에서 선출되지는 못했지만 그의 패션은 국민의 공감을 샀고, 많은 정치인에게 영향을 미쳤다. 블루 셔츠가 드러낸 것은 기존 정치인의 패션을 전복시키는 것이었고, 정치인의 눈높이가 서민의 눈높이로 내려와야 한다는 것을 옷차림으로 직설적으로 드러내 보여준 것이었다. 이를 통해 많은 사람들에게 젊은 정치인, 함께 뛰는 정치인으로 깊은 인상을 주었고, 이후 많은 정치인들이 현장감 있는 옷차림으로 이인제식 셔츠와 점퍼 스타일을 따라 하게 되었다.

자기만의 컬러를 향유한 앙드레 김

이인제 패션의 상징성은 우리나라 대표 디자이너인 앙드레 김의 패션에서도 나타난다. 고인이 되신 지 어느덧 12년이 되었지만 화이트 의상을 고집했던 앙드레 김의 모습은 아직까지도 많은 사람에게 선명히 기억되고 있다.

앙드레 김은 한국 최초의 남자 디자이너로서 1966년 한국인 최초로 파리 패션쇼에 초청받는 등 한국 패션의 개척자로 평가되는 세계적인 디자이너이다. 그가 디자인한 작품들은 여성의 우아함을 최대한 끌어내는 로맨티시즘을 바탕으로 두고 있는데, 앙드레 김의 화이트 의상은 그의 디자인 철학이 담긴 무언의 스타일링이다. 패션쇼에서 앙드레 김을 처음 마주하게 되었을 때, 나는 유명인의 아우라보다는 화이트의 누빔 의상에서 뿜어져 나오는 독특함과 전통성을 느낄 수 있었다. 또 무대 뒤에서 모델들에게 "엘레강스하게, 좀 더 엘레강스하게" 하고 외치는 모습을 보면서 입고 있는 순백의 의상이 그저 단순한 옷의 기능만을 하는 것이 아니라는 사실도 느끼게 되었다.

2000년대 초 수원여자대학교 겸임교수 시절, 나는 국제교류 학교인 중국 절강이공대학교(浙江理工大學校)와 공동 패션쇼를 진행하게 되어 외빈 참석 부탁 차 앙드레 김 디자이너의 부티크를 찾아간 적이 있었다. 당시 배우 김사랑의 스타일리스트로 활동하고 있었기에 그 인연으로 부탁을 드린 것이었는데, 그는 확답 대신 따뜻한 웃음으로 응대하셨고, 패션쇼 당일 따로 연락도 없이 패션쇼 장소로 조용히 오셔서 앞자리를 빛내주셨다. 그때도 특유의 하얀 누빔 의상을 입은 모습이었다. 패션쇼를 함께 한 중국인들에게도 한국의 대표 디자이너 앙드레 김의 흰 의상에 담긴 디자인 철학인 여성의 우아함과 한국적인 미가 전달되었을 것이다. 그 따뜻한 미소와 엘레강스한 디자인 철학이 담긴 화이트 의상이 그립다.

그 자체로 브랜드가 된 스티브 잡스

앙드레 김의 화이트 패션이 담고 있는 깊은 의미와 철학과는 시작점이 정반대라고 할 수 있지만, 결과적으로 대중의 공감을 얻은 대표적인 패션 스타일링이 있다. 그것은 청바지와 블랙 터틀넥 티셔츠, 운동화로 대표되는 스타일링을 보여주는 애플(Apple) 사의 창립자 스티브 잡스(Steve Jobs)의 패션이다.

스티브 잡스는 앞서 이야기한 진취적인 이미지 스타일링의 이인제 패션이나 디자인 철학을 담은 앙드레 김의 패션과는 달리, 무엇을 입을지 선택할 때 뇌가 느끼는 결정의 피로를 줄이기 위해 습관처럼 늘 청바지와 검정 터틀넥 셔츠를 입었다고 한다.

아이폰 개발에 집중하기 위한 그의 선택이었겠지만, 이 평범해 보이는 의상을 하나씩 살펴보면 일본의 유명 디자이너인 이

세이미야케(Isseymiyake)의 터틀넥 셔츠, 리바이스(Levi's)의 501 청바지, 뉴발란스(New Balance)의 992 운동화로 가장 베이직하고 클래식한 아이템으로 이루어진 코디네이션이다. 스티브 잡스가 세상을 떠난 지 10년이 지났지만 꾸미지 않은 듯하면서도 멋스러운 이른바 '꾸안꾸' 패션은 젊은이들에게 공감을 받고 있다. 또 평범하다 못해 조금은 촌스러워 보일 수 있는 패션은 대중에게 놈코어룩(Norm core look, 특색 없는 기능적이고 편안한 패션이 트렌디한 것으로 여겨지는 것)으로 새롭게 등장했다. 특히 코로나19로 외부 활동이 현저히 줄고 집에서 대부분의 시간을 보내게 되면서, 독특하고 화려한 것보다는 편안하고 자유로운 패션에 관한 욕구가 더욱 강해졌으며, 지속되고 있다. 그야말로 가장 베이직하고 클래식한 것이 가장 힘이 센 것이다.

이렇듯 스티브 잡스의 평범하고 자연스러운 패션이 사람들의 공감을 얻은 것은 그저 멋진 패션 아이템이었기 때문이 아니다. 신제품 발표회 때마다 애플의 새로운 기술력과 그 기술을 사람들에게 명확하게 인식시키는 잡스의 훌륭한 프레젠테이션 능력이 있었기에, 그의 패션도 빛을 발할 수 있었던 것이다. 스티브 잡스의 핵심 가치인 기술력, 프레젠테이션 능력이 뒷받침되지 않았다면 누구의 머릿속에도 남지 않는 그저 촌스러운 차림새로 치부되었을 것이다.

아직도 청바지와 검정 터틀넥에 아이폰을 들고 프레젠테이션

하는 스티브 잡스의 모습이 떠오른다. 꾸미지 않은 그의 자연스러운 패션은 애플의 기술력과 대비되어 큰 확장성과 영향력을 주었다.

공통점은 스타일링 속 스토리의 고유함

만약 정치인이 밝은 톤의 셔츠, 편안한 점퍼, 운동화 등으로 스타일링한다면 서민의 눈높이에 내려와야 한다는 메시지와 함께, 젊고 실천하는 정치인이라는 의미를 담고 있을 것이다. 다른 예로 우리가 익히 알고 있는 앙드레 김의 화이트 패션 스타일링은 여성의 우아함과 한국적 미에 대한 디자인 철학의 표현이었다. IT업계의 선구자인 스티브 잡스를 떠올리면 연상되는 블랙 터틀넥 티셔츠, 청바지, 운동화는 기술력 이외의 것들은 가장 간단하고 꾸밈없지만, 애플의 기술만큼은 가장 많은 시간과 고민을 들여 세계 최고라는 이야기가 담긴 스타일링이다.

이들의 스타일링은 모두 달랐지만, 말하고자 하는 고유한 스토리를 담고 있다는 점에서 공통점이 있다. 이렇게 스타일링이 전하는 메시지는 마이크에 대고 큰 소리로 말하는 것보다 더 강한 영향과 전달력을 보여준다.

열정으로 무장한 보석 디자이너의 반짝이는 변신

보석보다 훨씬 반짝였던 보석 디자이너

2030세대에게 많은 인기를 얻고 있는 친환경 욕실용품 러쉬(Lush)는 두피 전문가였던 마크 콘스탄틴(Mark Constantine)과 뷰티 테라피스트(Beauty Therapist)로 일하던 리즈위어(Liz Weir)가 주축이 되어 1995년 설립한 영국의 핸드메이드 화장품 브랜드이다. 러쉬는 친환경 제품답게 인공방부제와 팜오일을 쓰지 않는 100% 베지테리언(Vegetarian)이며, 그중 95%는 식물성 원료로만 만든다고 한다. 어떤 제품도 동물실험을 하지 않고, 동물실험을 거친 원재료도 전혀 쓰지 않는다는 철학을 가지고 있다. 환경보존과 동물보호 등의 기치를 내건 러쉬의 기업 윤리는 시대 정신을 선도하며 많은 소비자들에게 그 도전과 혁신의 가치를 인정

받았다. 2002년 우리나라에도 러쉬 코리아가 생겼고 전 세계 1천여 개의 매장 중 매출 1위를 여러 번 기록하는 등, 20여 년간 대중의 사랑을 받는 매출 1,000억 원대의 브랜드로 성장하였다.

지금으로부터 20년 전 러쉬 코리아의 우미령 대표도 나도 20대였던 시절, 지인의 초대로 참석한 모임 자리에서 보석 디자인을 하고 있다는 우 대표와 처음 인사를 나누었다. 당시 우 대표는 화장기 없는 얼굴이었는데도 얼마나 광채가 나던지, 스타일리스트라는 직업 특성상 수많은 연예인들을 보아왔던 나이지만 '참 예쁘다'라고 생각했다. 조각 같은 완벽한 아름다움은 아니지만, 반짝반짝 빛나는 알 수 없는 아름다움을 지닌 우 대표의 첫인상을 잊을 수 없다.

이후 우 대표와 여러 번 개인적 만남을 가지면서 느낀 것은 단순히 피부나 외양의 반짝임을 넘어, 그녀가 총체적으로 빛나는 사람이라는 사실이었다. 피부뿐 아니라 초롱초롱한 눈동자가 반짝였고, 아이디어는 더욱 반짝거렸다. 살짝 느린 말투와 수줍은 듯한 외모와는 다르게 승마나 MTB 등 액티브한 스포츠를 좋아했고, 다양한 사업 아이디어를 끊임없이 뽑아냈으며 호기심과 열정도 많았다. 당시 보석 디자이너를 하면서 웨딩 디자이너도 잠시 했던 우 대표는 청소 서비스 사업도 구상하고 있었다. 사업에 대한 열망도 가득했고, 사업에 관한 구상과 계획 등을 이야기할 때면 눈은 더욱 반짝이고 목소리에는 흥과 힘이 담겨 있었다.

2001년 보석 세미나에 참석차 잠시 미국에서 머물던 우 대표는 다양한 시장조사를 하다가, 친환경 코스메틱 아이템을 포착하게 되었다. 눈 밝고 촉 좋은 예비 사업가의 눈을 가지고 있던 그녀이기에 단순히 관심으로 끝나지 않고 연구하고 공부했을 것이다. 그리고 러쉬 브랜드를 알게 된 뒤, 강한 추진력으로 이듬해 결국 바라던 일을 터뜨리고야 말았다.

경력보다는 의지와 간절함이 통한 글로벌 브랜드

우 대표는 친환경 코스메틱 브랜드 러쉬를 보자마자 본사로 찾아가 라이선스를 받기 위한 절차를 당장 시작했다고 한다. 당시 또래의 창업 새내기들이 아닌 대기업들도 러쉬로부터 라이선스를 받기 위해 경쟁하고 있었지만, 러쉬 본사는 우 대표의 손을 들어주었다. 여러 가지 자본금이나 관련 사업 경험 등이 없는 20대 후반의 여성에게 러쉬 코리아 설립을 허락했다니, 지금 생각해도 놀랄 만한 일이 아닐 수 없다.

《여성신문》의 "'이상해집시다'···러쉬 코리아 우미령 대표의 이유 있는 도발"(이유진, 2017. 7. 14)이라는 기사를 보면, 러쉬 본사가 베이비시터와 같은 사람을 찾는다고 소개한 바 있다. 이 기사로 미루어 볼 때, 아마 우 대표의 순수한 의지와 끈질긴 간절함이 본사의 마음을 열게 했을 것이라고 짐작할 수 있다. 하루에도 몇 번씩 변하는 아이의 컨디션에 맞추어 정성스레 음식을 준비하고 아이의 행동 하나하나를 면밀히 살펴야 하는 베이비시터의 자질을 우 대표에게서 엿본 것이 아닐까?

아이를 소중히 생각하는 베이비시터처럼 러쉬의 핸드메이드 제품들을 소중하게 다루어줄 사람은 대기업이 아닌 바로 우 대표였다고 판단한 것은 아마도 러쉬의 아이템들이 타 코스메틱 브랜드의 제품과는 다른 특징을 가지고 있었기 때문일 것이다. 러쉬의 제품들은 베지테리언 재료들을 사용하여 모두 식자재처럼 다뤄지기 때문에 제조공장을 '키친(Kitchen)'이라고 부르며 실제로 채소, 과일, 허브 등을 이용해서 만든다. 따라서 유통기한도 짧고, 판매방식도 포장이 완료된 제품이 아니라 포장되지 않은 상태로 진열하여 고객들이 원하는 만큼 잘라 파는 시스템이다.

그런 특성을 지닌 만큼 손도 많이 가고, 조심스럽게 다루어져야 하는 제품들이기에 덩치 큰 대기업보다는 세심하고 꼼꼼한 20대 여성이 적합하다고 판단했을 것이다. 엄마라면 누구나 공감하겠지만 아이를 처음 양육기관에 맡길 때, 아이가 어릴수록 규모가 크고 시스템이 갖춰진 규모가 큰 어린이집보다는 소수의 어린이를 집에서처럼 섬세하게 케어해주는 소규모 어린이집을 선호하는 것과 같은 이치일 것이다. 이렇게 러쉬 제품은 우미령이라고 하는 베이비시터에게 맡겨져 한국에 자리를 잡았다.

역발상을 통한 브랜드 아이덴티티

친환경 제품에 관한 관심이 높아지면서, 요즘은 화장품 성분을 비교하는 앱도 생겼으며 SNS로 서로 정보를 교류하는 등 소비자들은 건강한 화장품 찾기에 열광하고 있다. 이를 반영하여 여러 브랜드에서 무색·무취의 자연주의 제품들을 속속 출시하고 있기도 하다. 반면에 러쉬는 제품마다 강한 향과 비비드한 색을 갖고 있는 편이다. 이런 아이템들을 포장하지 않은 채 날것으로 진열하여 더욱 강한 향과 색으로 소비자의 구매 심리를 자극한다.

이러한 역발상은 우 대표와도 참 많이 닮았다. 그녀의 다양한 사업 구상 중 청소 서비스 사업은 예전의 나도 참 엉뚱한 발상이라는 생각이 들었다. 당시에는 공감하지 못했고, 진행하다가 손해를 봤다는 말에 그저 답답하고 안타깝기만 했는데 이제야 생각해보니 엉뚱한 것이 아니라 시대를 앞서갔던 것이다. 당시에는 필요성조차 못 느꼈던 청소 서비스가 지금은 대중화되어 있으니 말이다.

러쉬도, 러쉬 코리아의 우 대표도 변화하는 세상에 더 빠르게 사고하고 행동하니 찰떡궁합이 아닌가 싶다. 핵심 가치를 실현하는 데 있어서도 마찬가지다. 러쉬가 가지고 있는 핵심 가치는 인권보호, 동물보호, 환경보호인데 러쉬 코리아는 본사의 이러한 3가지 핵심 가치를 실현하면서 또한 러쉬 코리아만의 독특하고 다양한 캠페인과 복지제도를 선보이며 성장해왔다.

러쉬 코리아는 반려동물을 키우는 직원에게 매달 별도의 수당을 지급하며, 반려동물을 가족으로 인정하여 반려동물이 세상을 떠나면 휴가를 제공한다. 또한 결혼에 의사가 없는 직원이 비혼을 선언하면 축의금과 휴가를 제공하고, 결혼한 여성에게는 육아와 업무를 원활하게 병행할 수 있도록 근무 시간 내에서 출퇴근 시간을 조절하는 탄력 근무제를 실시하고 있다. 물론 우 대표 본인도 4남 1녀의 다둥이 엄마로서 러쉬 코리아의 대표직을 수행하고 있으니, 브랜드의 방향과 라이프스타일을 참 잘 완성해가고 있는 것 같다.

어릴 적부터 다양한 아이템과 상황에 관심을 가지고, 엉뚱하다 싶을 정도로 많은 아이디어가 샘솟았으며 열정을 지닌 채 그것을 이루기 위해 기획하고 구상하고 추진해온 그녀였기에, 현재 브랜드의 핵심 가치를 실현하고 그것을 라이프 스토리로 완성하는 러쉬 코리아의 대표가 될 수 있었을 것이라 확신한다.

코로나19로 힘든 시기를 보내는 동안 초기에 많은 확진자가 나왔던 대구의 시민들에게 제품을 보내주고, 매장 유리창마다 '손을 씻고 싶을 때 언제든 매장에 들러주세요(Come in and wash your hands for free)'라는 손 씻기 캠페인, 코로나19로 늘어난 식료품 배달의 신선도를 위해 사용되는 아이스팩을 수거하여 냉장 배송이 필요한 러쉬 제품에 재사용하는 아이스팩 재사용 캠페인, 무분별한 SNS 사용으로 인한 정신건강에 부작용을 알리고 잠시라도 SNS에서 벗어나 나 자신에게 집중하라는 메시지를 담은 '디지털 디톡스 데이(Digital Detox Day)' 캠페인 등을 기획하고 진행했던 것처럼 따뜻하고 신선한 러쉬 코리아와 우 대표의 아이덴티티가 앞으로도 영원하길 기대한다.

센스가 빛나는
스포츠계 핑크 왕자

베이징 올림픽의 핑크 아이콘

2022년은 '2022 베이징 동계올림픽'으로 시끌벅적하게 출발했다. '중국의 전국 체전'이라는 우스갯소리가 나올 정도로 팔이 안으로 굽어도 너무 굽은 편파 판정과 러시아 피겨 국가대표 선수 카밀라 발리예바(Kamila Valieva)의 도핑 파문, 그리고 도핑 스캔들에도 출전을 정지시키지 않은 스포츠중재재판소의 결정까지…, 말도 많고 탈도 많은 올림픽이 치러졌다. 세계의 스포츠 팬들은 권위를 잃은 채 해결력을 상실한 IOC의 무능력한 태도에 실망을 넘어 충격을 금치 못했다. 그러면서도 한편으로는 SNS에 올림픽 정신이 실종된 사태를 패러디하는 게시물과 위트 넘치는 수많은 '밈'과 '짤' 등을 올리면서 나름대로 올림픽을 즐겼다. 일부를 제외한 대다수의 선수들은 스포츠 정신에 입각하여 정정당당하게 최선을 다하며 올림픽 정신을 보여주었기 때문이다.

그런 와중에 마치 가뭄에 단비가 내리듯 웃음과 재치, 따뜻함을 선사한 선수가 있다. 바로 진한 핑크색의 헤어 스타일을 한 곽윤기 선수다. 곽 선수는 이번 올림픽 선수단의 기수였기에 본인도 강렬한 핑크의 머리 색깔이 대중의 시선을 불편하게 할까 우려되어 털모자를 눌러 쓸까 고민했다고 하는데, 나는 곽 선수의 핑크색 머리보다 체육계에서 이를 문제 삼지 않았다는 사실이 더 신선하게 느껴졌다.

사실 과거에 일하면서 가장 답답하고 이해할 수 없었던 부분이 공중파 방송에서 연예인의 탈색이나 염색을 허용하지 않았던 점이었기 때문이다. 그래서 늘 현장에서 사용하는 가방에 염색 스프레이를 갖고 다녔고, 혹 카메라 리허설 시 조정석에서 호출이라도 하면 스태프들이 후다닥 뛰어가 스프레이를 뿌리는 일들이 자주 있었다. 물론 세월이 지나면서 자연스럽게 이런 '구태'는 사라지고 지금은 예능 방송 등에도 탈색하거나 염색한 헤어 스타일, 컬러 렌즈 착용 등이 자연스럽게 나오지만, 그것도 연예인이니 가능하지 스포츠계라면 다를 것이라고 짐작했던 것이다. 게다가 지금까지 스포츠 선수가 강렬한 헤어 스타일을 한 것은 특별히 본 적이 없기 때문에 그런 고정관념이 있었다.

2022년 베이징 동계올림픽 개회식에 나온 곽윤기는 그야말로 눈에 확 띄었다. 게다가 핑크 머리로 염색한 이유가 부모님이 화면에서 빨리 자신을 찾을 수 있게 하기 위해서였다니, 머리색 만큼이나 재치 넘치는 대답이 아닐 수 없다. 여러모로 그가 세운 목표는 개회식부터 성공한 셈이다.

소통에 능한 스포츠 핑크 왕자

곽윤기 선수는 이번 올림픽까지 올림픽에 세 번 출전한 국가대표 12년 차 선수다. 2010년 캐나다 밴쿠버 동계올림픽 쇼트트랙 남자 계주 5,000미터에 출전해 은메달을 땄고, 2014년에는 부상으로 출전하지 못했으며 2018년 평창에서는 4위에 그쳤고, 2022년 베이징 동계올림픽 쇼트트랙 5,000미터 계주에서 다시 은메달을 딴 것이다. 그는 고등학교 재학 중 국가대표로 뽑혔지만 지금까지 올림픽에서 개인 종목 메달은 획득하지 못했다. 2010년 밴쿠버 동계올림픽 이후에는 최고의 선수가 될 수 없다고 느끼고, 최고가 되겠다는 그동안의 목표를 자신만이 할 수 있는 일을 하는, 온리원의 유일한 선수가 되겠다는 다짐으로 바꾸어 열심히 훈련했다고 한다. 그 결과 국가대표 12년이라는 타이틀에, 우리나라 쇼트트랙 선수 중 최고령 선수로서 이번 베이징 동계올림픽의 출전권을 얻을 수 있었다는 것이다.

2월 17일 은메달을 수상받는 시상식 무대에 앞서 핑크 머리

곽윤기는 BTS의 〈다이너마이트〉 춤으로 깜짝 세리머니를 선보였다. 올림픽 초반에 편파 판정 등으로 힘든 시간을 보냈을 많은 이들이 BTS로부터 많은 위로를 받았으면 하는 마음에서 헌정한 댄스였다고 했다. 이에 BTS의 리더 RM은 인스타그램을 통해 응답과 응원의 메시지를 전했다.

그는 2010년 캐나다 밴쿠버에서 은메달을 획득했을 때도 시상대에 올라 브라운아이드걸스(Brown Eyed Girl)의 노래 〈아브라카타브라(Abracadabra)〉에 맞추어 일명 '시건방춤'으로 세리머니를 해 인기를 얻기도 했다. 그때도 해외 일정 중인 브라운아이드걸스가 언론매체를 통해 감사와 응원의 메시지를 보냈다.

곽윤기 선수의 인기는 요즘 연일 치솟고 있다. 우리나라뿐 아니라 전 세계 누리꾼들이 그의 유쾌하면서도 재치 넘치는 SNS에 댓글과 '좋아요'로 화답하는 중이다.

즐거움을 주는 핑크 왕자, 100만 구독자를 두다

최초 금메달리스트 유튜버를 꿈꾸며 '꽉잡아 윤기'라는 유튜브 채널을 운영하는 곽윤기는 베이징 동계올림픽 전만 해도 구독자가 17만 명 정도였다.

올림픽 경기 남자 계주 5,000m 준결승에서 곽 선수는 추월을 막기 위해 고개를 숙여 다리 사이로 뒷선수 위치를 확인하며 경기했는데, 이를 인상 깊게 본 국내 누리꾼이 '곽윤기 뒷선수 시점'이라며 재미있는 그림을 올렸다. 이후 곽 선수는 자신의 인스타그램에 핑크색 머리 인형이 거꾸로 찍힌 사진을 올리고 직접 트랙을 돌며 고개를 숙여 가랑이 사이로 뒤를 확인하는 영상도 게재했다. 이 영상과 사진은 전 세계 네티즌들에게 웃음을 주면서 '밈'으로 확산되었다. 이후 곽윤기의 인스타그램 팔로워는 단숨에 21만 명을 넘어섰고 유튜브 구독자는 2022년 7월 12일 현재 120만 명으로 늘어났다.

그의 유튜브에는 곽윤기식 '오징어 게임' 중 하나로 네덜란드 선수들과 함께 색종이로 딱지를 직접 만드는 과정과 딱지치기 게임을 하는 영상이 있다. 딱지치기 게임을 하는 동안 넷플릭스의 드라마 〈오징어 게임〉에 관한 이야기가 네덜란드 선수들끼리 오가고, 벌칙 또한 '뺨 때리기' 시늉으로 드라마를 연상시키며 재미와 웃음을 주었다. 게임 결과 최종 우승자는 단 브레이우스마(Daan Breeuwsma)였는데, 곽윤기 선수는 그에게 미리 준비해간 한복을 선물했다.

우리나라 한복의 남자 저고리를 외국 선수에게 직접 스타일링해주는 모습이 유튜브를 통해 전 세계에 퍼져나갔다. 올림픽 개회식에 조선족의 옷이라 문제 될 것 없다며 한복을 포함시켰던 '무데뽀' 중국에게 어퍼컷이라도 날리듯, 한복은 우리나라 옷이라는 메시지를 보여준 것이다. 게임을 하는 선수들도, 그 영상을 보는 우리도 재미있고 의미 있는 시간이 되었다.

바로 이것이 동료들과의 소통이고 대중들과의 의식 있는 소통이다. 누가 시켜서 하는 것이 아니라 스스로 흥이 나서 하는 곽 선수의 행보야말로 진정한 소통의 아이콘이 지향해야 할 목적지를 보여주는 것이 아닐까?

유튜브 구독자 수 100만 명을 돌파한 유튜버로서 골드 버튼을 받게 된 곽윤기의 유튜브에서는 앞으로 더 많은 사람들과 의식 있는 소통이 이어질 것이다. 경기에서 보이는 몸의 유연함처럼, 곽윤기 선수는 대인관계 속에서도 유연함이 있고, 재미와 의식이 있다. 즐거움을 주는 그의 펀(Fun)한 요소는 너도나도 그를 찾아 소통하고 싶게 하고, 주변의 사람들에 공유하며 더 많이 소통하고 싶게 하는 힘이 되고 있다. 앞으로 펼쳐질 그의 인생이 또 얼마나 유연하고 'Fun'할지 자못 기대된다.

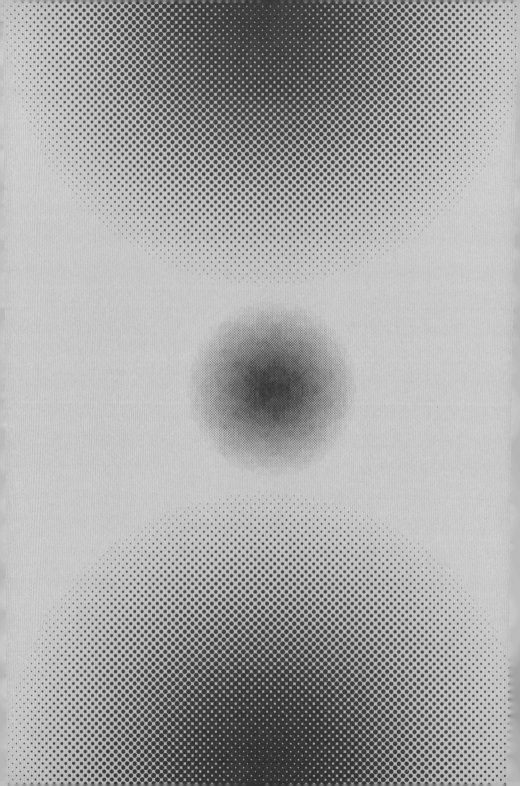

3장 ● 사람들은 '자극받는'
휴먼 스타일링에
모인다

재미있는
휴먼 스타일링

홍 돋는 '릴스'의 세상

어릴 적부터 초록 검색창인 네이버나 구글 플랫폼을 통해 관련 단어 몇 개로 정보를 검색해왔던 젊은 세대들은 예전에는 정보를 찾기 위해서 도서관을 찾았다는 사실을 아마도 상상하지 못할 것이다.

현재는 새로운 정보를 얻는 데 어려움도 없고, 기다림도 없다. 검색창을 이용하는 것만으로도 엄청나게 빠른 속도로 정보를 수집하고 습득할 수 있다. 그런데도 우리는 점점 더 빠르고, 보다 가시적인, 그리고 재미있는 콘텐츠를 찾느라 혈안이 되어 있다. 많은 사람들이 유튜브, 인스타그램 등을 애용하는 이유도 그 때문이다. 특히 틱톡(TikTok)이나 릴스(Reels)와 같이 배경음악이 깔린 짧은 영상 콘텐츠에 '좋아요'라는 의미의 하트를 누르며 뜨거운 반응을 보인다. 그렇다 보니 마케팅 역시 소비자의 심리를 반영하여 새로운 제품에 새롭고 재미난 방법으로 광고나 홍보가 가능한 릴스를 비즈니스 도구로 활용하고 있다.

릴스는 2020년 8월 5일 페이스북의 자회사인 인스타그램에서 세계 50여 개국에 출시한 15초 길이의 숏폼(Short-form) 동영상 서비스이다. 영상과 음향을 붙여 편집할 수 있는 형태로 기존의 피드 동영상이나 스토리 기능에 배경음악과 AR 효과 등을 삽입할 수 있다. 국내에서도 2021년 2월 2일 서비스가 출시되었는데 패션, 뷰티, 헬스 제품 등의 정보 공유 및 마케팅에 다양하게 활용되고 있다. 특히 신나는 음악에 맞춰 춤을 추는 댄스 영상이 많은데, 개인적인 홍보부터 상품 홍보에 이르기까지 다양한 댄스를 선보이며 시선을 사로잡는다.

댄스 실력과는 상관없다. 나이도 성별도 상관없다. 흥이 많은 사람들이 먼저 댄스 선구자가 되고, 그 댄스를 보는 이들도 어느새 흥이 오른다. 많은 세계인이 팔로워가 되어 그 댄스를 공유하고 따라 하며, 다시 또 공유되면서 그야말로 흥 돋는 하나, 'We Are The World(위 아 더 월드)'가 된다.

체험 속에 의미를 부여하다

"따땃따 따따~"로 시작하는 신나는 배경음악과 에어로빅처럼 보이는 배치기 동작을 열심히 하는 릴스 영상이 한동안 많은 인기를 누렸다. 인스타그램을 타고 공유에 공유가 되면서 여기저기에서 쉽게 볼 수 있는 댄스 영상이었다. 요즘은 많은 사람이 Mnet의 〈스트릿 우먼 파이터〉라는 프로그램을 통해 대단한 프로 댄서들의 춤을 많이 보았기 때문에 이미 높아질 대로 눈이 높아져 있는 상황이다. 그런데 1980~1990년대 에어로빅을 연상시키는 이 우스꽝스럽기까지 한 댄스 릴스 영상이 '좋아요'를 받으며 사랑받는 이유는 무엇일까?

일단 촌스러운 레깅스 패션에 군더더기 없는 간단한 배치기 영상에 우선 웃음이 난다. 날씬한 중국 선생님 뒤에 뱃살이 출렁이는 뚱뚱한 학생이 힘들게 배치기를 하고, 선생님은 종종 용을 쓰며 배치기하는 학생 옆에서 인상을 쓰거나 혹은 호통을 치면서 배치기 율동을 멈추지 못하게 가속도를 붙인다. 신나는 배경음악과 단순한 율동에 중독성이 있다. 나는 예전에 인스타그램 계정을 해킹당한 이력이 있어서 잘 모르는 사람은 쉽게 팔로우하지 않는 편이다. 그런데 이 영상 콘텐츠를 우연히 처음 보고는 '이게 뭐야?' 하면서도, 웃음과 함께 재미를 주는 모습에 중독되어 나도 모르게 팔로잉을 누르고 팔로워가 되었다.

색깔이 다른 레깅스와 새로운 학생들의 모습 외에는 새롭지 않은 동일한 배경음악과 배치기 댄스의 영상 콘텐츠가 업로드될 때마다 나는 열심히 보고, 열심히 웃고, 또 열심히 '좋아요'를 눌렀으며, 종종 일어나 배치기 댄스를 따라 하기도 했다.

내가 이 영상 콘텐츠에 중독된 이유는 신나고 재미있기도 했지만, 사실 중국 선생님의 변화된 모습을 통해 '이 댄스로 살을 뺄 수 있겠다'라는 기대도 있었기 때문이다. 말로 설명하거나 텍스트로 비포(Before)와 애프터(After)를 표시하지는 않았지만, 업로드되는 영상을 볼 때마다 영상 속 달라져가는 선생님의 모습이 보였다. 그리고 동일한 배치기 댄스를 하면서 변신한 선생님의 감정들이 고스란히 전해져 왔다.

배가 출렁이는 뚱뚱한 선생님의 모습과 적어도 20킬로그램은 빠진 듯 날씬하고 예뻐진 선생님의 변화한 모습을 통해 이 배치기 댄스의 대단한 효과를 즉각적으로 느낄 수 있었고, 그래서 많은 사람들이 더욱 열광할 수밖에 없었던 것이다. 마치 '나도 열심히 배치기 댄스를 한다면 살이 쭉쭉 빠질 것이다'라는 느낌으로 오늘도 열심히 보고 있는 것 같다. 즉, 다시 말해 신나게 따라 하고, 따라 하기 싫은 만사 귀찮은 날은 마음이라도 함께하여 간접 체험을 통해 다이어트를 실행하고 있는 것이다.

이렇듯 신나고 재미있는 요소들은 순간 우리를 강하게 끌어당긴다. 하지만 지속적인 이끌림은 느낌 또는 체험 속에서 의미가 표현되고, 그것을 통해 많은 사람이 공감해야만 가능하다.

스토리가 있어 웃프고, 오래 잊히지 않는다

요즘에는 여성의 감성을 저격한 인스타그램 게시물들을 통해 다양한 상품의 마케팅이 이루어진다. 일상을 표현하면서 친근하게 대중에게 다가가 본인이 사용하는 패션과 뷰티 아이템 또는 인테리어 소품에서부터 주방용품까지, 본인의 생활을 공유하면서 판매를 유도한다. 대놓고 광고하는 일반적인 광고 홍보보다 촉촉이 내리는 봄비처럼 사람들에게 다가가지만, 그 파급력은 대단하다.

나도 좋아하는 인스타그램 인플루언서가 몇 명 있는데, 그들이 소개하는 아이템은 기본적으로 신뢰하는 편이다. 그중의 한 명이 '댄싱밤비(Dancingbambi)'다. 릴스를 통해 처음 알게 되었는데 내가 좋아하는 미국 가수 빌리 조엘(Billy Joel)의 노래 〈마이 라이프(My Life)〉에 맞춘 그녀의 춤에 반했다. 긴 다리와 팔, 건강하고 균형 있는 체형의 시원시원한 몸동작으로 막춤이라고 보기에는 기본기가 단단한 춤솜씨가 나의 시선을 잡아끌었다.

알고 보니 그녀는 나와 동갑내기로, 스토리가 있는 멋진 쇼핑몰 CEO였다. 아홉 살에 무용을 시작하여 유명한 예원예중, 서울예고, 이화여대 무용과를 졸업한 수재로 뉴욕 맨해튼에서 35세까지 뮤지컬 안무가가 되기 위해 공부를 했다고 한다. 그리고 현재는 쇼핑몰을 운영하고 유쾌한 춤을 추며 제품을 팔고 있다고 했다.

그러면서 "가끔 그 힘든 공부를 하더니 고작 릴스 찍고 있냐는 비웃음을 받을 때가 종종 있다. 교수 이런 거 되었더라면 그 사람이 비웃지 않았으려나. 나는 이삼백 명 모아놓고 너도나도 알수 없는 심오한 예술세계 펼친답시고 설쳤던 소위 우아했던 그 시절보다, 15초짜리 릴스에 십만 명이 열광해주는 지금이 훨씬 좋다. 돈을 쓸 줄밖에 몰랐던 내가 시장통을 헤매고 돌아다니며 돈 버는 방법을 알게 된 것도 좋다. 어떻게 살아야 잘 사는 것인가? 나는 오늘도 치열하게 고민하며 누군가에게 기쁨이 될 15초짜리 춤을 땀을 뻘뻘 흘리며 연습한다"라는 글을 남겼다.

나는 이 릴스 영상을 50번 이상 다시 보았던 것 같다. 찡하게 울림도 있었고, 친구라면 옆에서 등도 토닥여주며 엄지손가락을 번쩍 들어 '최고!'라고 말해주고 싶었다. 반평생을 무용을 배우고 소위 최고의 집단에서 생활했던 그 시절에서, 헤매지 않고 다시 일어서서 힘차게 터닝포인트를 만들어낸 당당한 그녀의 모습이 정말 멋있다. 그리고 그녀의 스토리는 슬픔과 기본기 단단한 댄스에 웃음이 합쳐져, 보는 사람으로 하여금 팬이 될 수밖에 없도록 만드는 강한 힘을 발휘하고 있다. 그녀가 말했던 '교수 이런 거'를 하고 있는 나 역시 그녀가 진심으로 멋있고 존경스럽다.

그녀를 비웃는 사람은 그녀의 단단함과 앞으로의 그녀의 미래를 발견하지 못하는 자들일 뿐 댄싱밤비에게 열광하는 이들은 그녀를 진심으로 좋아하고 믿으며, 그래서 그녀의 브랜드 아이덴티티인 '보기만 해도 행복해지는 행복상점'의 상품을 신뢰한다. 오래 잊히지 않을 스토리를 가진 행복상점의 앞으로의 미래가 더 기대된다.

무겁지 않아 좋지만, 가볍지도 않아야 한다

현대를 살아가는 우리 모두는 스트레스 지옥에서 하루를 버티곤 한다. 팍팍한 하루를 보내는 우리에게 재미있는 휴먼 스타일링은 쌓인 피로를 털어내고 순간 몸과 마음이 가벼워지는 박카스 한 병과도 같은 효과를 준다. 또 우리는 너무 진지하지 않아도 되는 가벼운 이야기에 편안함과 힐링을 느낀다. 거기에 코믹한 요소까지 가미된다면 행복감까지도 느낄 수 있다. 이러한 이유로 재미있고 짧은 영상 콘텐츠에 열광(熱狂)하게 된다.

열광은 너무 기쁘거나 흥분하여 미친 듯이 좋아한다는 뜻으로, 특히 광은 미치다, 사납다, 경망하다, 경솔하다는 등의 의미를 갖는데, 가볍기만 한 내용은 그저 잠깐의 뜨거운 관심으로 끝날 경우가 많다. 무겁지 않아 모두가 좋아하게 되었지만, 아이러니하게도 가벼움 그 자체만으로는 계속 좋아할 수 없다. 가벼움 안에 모두가 공감할 수 있는 스토리가 있어야 오랫동안 잊히지 않는다. 가볍고 편안하고 재미있으면서도 오래 지속될 수 있다면 그 행복은 계속 쌓여갈 수 있다.

새로운
휴먼 스타일링

새로움과 익숙함의 공존이 필요할 때

오래된 연인들은 서로 함께 지내온 익숙함으로 편안함을 느끼지만, 연애 초기의 설렘을 그리워한다. 그렇다고 늘 설렘만 가득한 연애 초기처럼 지낸다면 늘 긴장 속에서 피곤함을 호소할 것이다. 스타일링도 마찬가지다. 계절이 바뀌면 새 옷을 구입하여 새로운 스타일링을 시도해보지만, 왜인지 늘 입었던 옷에서 느끼는 익숙함만큼 편하지는 않을 것이다.

우리가 우리의 체형을 제대로 분석하고 체형에 어울리는 새로운 패션으로 스타일링하는 과정은 새 옷을 사서 입는 것보다 어쩌면 더 큰 불편함이 병행될 수 있다. 하지만 처음에는 익숙지 않은 패션 아이템으로 체형 스타일링을 하면서 새로움과 익숙함이 함께 공존하는 어색한 시간을 잘 참아내면, 내게 어울리는 새로운 스타일링에 익숙해지는 시점이 온다. 그러므로 무조건 내가 좋아하고 편안한 것만 고집하는 대신, 내가 좋아해야 할 것이 무엇인지 먼저 알아내고 익숙해질 수 있도록 스스로에게 시간을 주자. 새로움이든 익숙함이든, 중요한 것은 내 스타일을 잡는 것이다.

패션의 사이클 5단계: 나는 몇 단계일까?

세상의 모든 일에는 흐름이 있듯이, 패션에도 흐름이 있다. 그 흐름을 파악하려면 패션 사이클을 알아야 한다. 《패션상품 디자인 기획》(교문사, 2022)에서 저자 엄소희와 장윤이는 패션의 흐름을 크게 '소개기, 성장기, 성숙기, 쇠퇴기, 소멸기'라는 5단계로 나눌 수 있다고 썼다.

1단계 소개기는 선도적인 디자이너나 의류업체에 의해 새로운 패션 상품 또는 스타일이 시장에 소개되는 단계이다. 컬렉션을 통해 우리가 패션쇼에서 보게 되는 패션 상품 스타일, 새로운 룩북 등에 소개되는 단계가 바로 1단계에 해당한다.

2단계는 전파기 또는 상승기라고 하는데, 패션 리더들에 의해 패션이 채택되고 패션 기업에서는 다양한 판촉을 통해 사회적 가시도를 증가시키는 확산 단계이다. 다양한 대중매체에서 스타들의 스타일로 보여지고, 스타일에 관심이 많고 새로운 스타일에 거부감이 없는 일반인, 즉 트렌드세터들에게 선택되는 단계이다.

3단계 성숙기는 패션 추종자와 대중 간의 동조 욕구로 패션의 인기가 절정에 이르고 모방상품이 등장하면서 유행이 최고에 도달하는 단계이다. 일반적으로 많은 사람들이 너도나도 따라 하는 단계이며, 대중들은 '따라 하지 않으면 유행에 뒤처진 것 같아'라는 심리로 오리지널 제품이 아닌 모방상품이라도 구입하게 된다. 이에 따라 브랜드가 아닌 동대문 시장, 보세 가게, 인터넷 쇼핑몰 등에서도 ○○스타일, △△스타일 등의 '~ style'이라고 표기한 상품들이 많이 보이기도 한다.

4단계 쇠퇴기는 유행이 지루해지면서 대중의 관심과 구매가 감소하는 단계이다. 원래의 값보다 할인된 가격으로 판매되며 소극적 소비자들에 의해 구매가 이루어지는데, 이전 3단계에서 붐업이 되었던 상황을 뒤늦게 따라 하려는 심리가 반영된 것이다.

패션 사이클의 마지막 단계인 5단계는 소멸기인데 대중의 외면에 의해 잊히고 소멸되는 단계이다. 판매처에는 재고정리를 위한 매대가 설치되며, 크게 할인된 금액으로 판매된다. 하지만 만약 5단계에 구입하여 스타일링을 한다면, 이미 많은 사람들이 스타일링을 끝낸 상황이어서 동일하거나 비슷한 스타일을 찾기는 어렵다.

새로움을 받아들이는 시기는 개인마다 각각 다르고, 또 받아

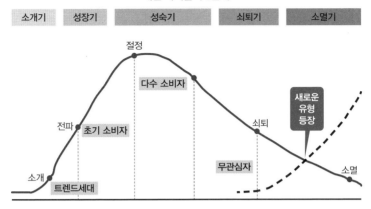

패션 사이클의 5단계

| 소개기 | 성장기 | 성숙기 | 쇠퇴기 | 소멸기 |

절정

다수 소비자

새로운
유형
등장

전파 · 초기 소비자

쇠퇴

소개

무관심자

소멸

트렌드세대

들이는 속도에도 차이가 있다. 새로움에 거부감이 없는 적극적 마인드를 가진 사람과 익숙함을 추구하며 새로움에 소극적 자세를 가진 사람, 그리고 그 중간에 존재하는 사람이 있기 때문이다. 어떻든 상관없지만, 매사 적극적인 사람이 원하는 목표점에 빨리 도달하는 것처럼, 스타일을 전달하는 전문가로서 스타일리시한 사람이 되고 싶다면 적극성을 가지고 새로움을 받아들이는 자세를 가지는 것이 좋다.

패드가 되어도 괜찮다

패드(Fad)란 '일시적 유행'이라는 사전적 의미를 지니며 패션 사이클 중에 2단계, 3단계의 성장기 및 성숙기 기간이 매우 짧은 것을 뜻한다. 즉, 소수의 집단에서 짧게 유행되는 것으로 대중성이 높지 않은 실험적이고 혁신적인 디자인, 실용성보다는 새로움과 독특함이 높은 아이템들이 주류를 이룬다.

성숙기 단계에는 다수의 수용층이 생기게 마련인데, 패드는 성숙기 단계가 짧기 때문에 초기의 혁신적 수용층에 의해서 전파되는 특성을 지닌다. 사실 클래식한 스타일은 패션 수용도에 상관없이 소비자들이 원하는 많은 기본적 욕구를 충족시키기 때문에 오랫동안 사랑을 받는다. 반면 패드 같은 경우에는 그렇지 못하기 때문에 사이클이 짧아지는 것이다. 어떤 패션 스타일이 더 스타일리시한가의 문제가 아니다.

일반적으로 사람들은 패션에 관심은 많지만 새로움에 대한 도전력이 약하다. 머뭇거리다 다수의 소비자가 생겨 성숙기에 이를 때쯤 집단적인 동조 현상이 일어나 유행하는 스타일을 연출하는 경우가 대부분이다. 그런데 간혹 새로운 어느 스타일에 꽂혀 유행이 등장하자마자 그 스타일을 따라 했는데, 그것이 패드가 되어 사라질 수도 있다. '힘들게 용기를 내서 일찌감치 유행을 따라 했는데, 너무 쑥스러워'라고 생각할 필요 없다. 패션 사이클은 일정한 기간에 확실히 규정될 수도 없으며 3.3.7 박수처럼 규칙적이지도 않다. 패션 사이클, 스타일의 변화는 새롭고 변화무쌍한 사회현상이기 때문에 유니폼을 입듯이 정확한 시기에 정확한 형태로 표현할 필요가 없다. 패션의 변화 주기인 사이클 속도가 점점 빨라지는 요즘 같은 초고속화 시대에 살면서 아직도 주변을 돌아보면서 눈치 작전하듯 스타일을 표현하는 것은 바람직하지 않다. 주변 상황을 파악할 것이 아니라 나의 체형, 나의 상황을 파악하여 스타일을 선별하면 된다. 유행을 받아들이는 수용 속도 따위는 중요하지 않다.

새로움을 받아들이는 자세가 곧 자신감이다

패션 사이클을 다시 정리해보면 모드(Mode, 독창적인 새로운 형태를 예술로 창조하는 것), 패션, 그리고 스타일의 순서를 따른다. 즉 새로운 패션이 발생되어 전파, 확산되면서 정점에 도달했다가 쇠퇴, 소멸되는 과정으로 우리 인생의 사이클과도 흡사하다. 인생을 살면서 경험하지 못했던 새로운 일이나 문제들에 맞닥뜨릴 때가 있다. 우리는 어느 때는 기쁜 마음으로, 어느 때는 멈칫거리면서 어렵게 그 문제를 해결하며 살아간다. 그렇게 문제를 해결해가면서 삶의 지혜를 스스로 터득해가는 과정에서 자신만의 방식을 정립할 수 있다.

스타일도 마찬가지다. 새로운 스타일을 내 것으로 만들어가는 과정은 새로움을 받아들이는 자세부터 시작된다. '시작이 반이다'라는 속담처럼 자신감 있게 새로움을 받아들여보자. 이미 우리 스타일링의 반은 완성된 것이나 다름없다.

감동을 주는
휴먼 스타일링

사람 여행을 통해 위로받다

방송 플랫폼이 다양해짐에 따라 우리는 정말 많은 다양한 프로그램을 집 안에서 접할 수 있게 되었다. 코로나19로 인해 집에서 생활하는 시간이 길어지면서, 우리 가족도 함께 거실에 모이는 시간이 많아졌다. 자연스럽게 열한 살 아들과 함께 볼 수 있는 방송 프로그램을 찾았는데, 그 많은 프로그램 중에 볼 만한 프로그램이 몇 개 되지 않았다. 프로그램의 다양성 면에서는 다섯 손가락에도 꼽기 힘들 정도로 척박했다는 기억이다.

그중에서 빛나던 프로그램이 바로 tvN 채널의 예능 프로그램인 〈유 퀴즈 온 더 블럭〉이었다. 2018년 8월 29일 시작된 〈유 퀴즈 온 더 블럭〉은 2022년 3월 현재까지 4~5%의 꾸준한 시청률을 보이고 있다. 이 프로그램은 다양한 분야의 사람들을 만나서 그들의 일과 일상생활 이야기를 편안하게 나누는 형식을 띠고 있다. 공식 홈페이지에 나와 있는 "큰 자기 유재석과 아기 자기 조세호의 자기들 마음대로 떠나는 사람 여행"이라는 프로그램 설명처럼, 화려한 스튜디오도 소품도 없이 낚시 의자처럼 생긴 휴대용 의자 하나를 놓고 앉아 편안하게 이야기를 풀어나간다.

요즘같이 자극적인 내용과 구성, 화려한 디지털 기술과 편집, 유명한 스타들이 대거 등장하는 프로그램들이 시청자들의 관심을 부르는 상황에서, 정말 초대된 사람들의 진솔한 이야기만으로 구성되는 이 프로그램은 마치 쌀 이외에는 아무 재료도 들어가지 않은 흰죽과 같은 느낌을 준다. 어쩌면 그래서 다른 곳으로 시선이 분산되지 않고 오직 초대된 사람의 이야기에만 집중하게 되는 것 같다. 온전히 집중하여 그 사람의 진솔한 이야기 속으로 들어가, 세대에 상관없이 위로를 받고 힘을 얻게 되는 것이다.

우리는 속이 아플 때 뷔페 식당이나 고급 식당에 가서 화려한 식사를 하지는 않는다. 그럴 때면 아무것도 넣지 않은 흰죽을 먹고 속을 달래는 것처럼, 마음이 아픈 우리에게 〈유 퀴즈 온 더 블럭〉은 흰죽의 역할을 하고 있는 것 같다. 다양한 사람 여행을 통해 따뜻한 흰죽 한 그릇과 같은 위로를 준다.

차가운 이성 안에 뜨거운 감성, 강 의사

내가 지금껏 보았던 회차 중에 가장 기억에 남는 것은 138회 '명의: 환자의 마음을 여는 사람들' 특집이었다. 이날은 의학 분야의 최고권위자 세 분이 출연했는데, 그중에서 췌장 절제술 분야 전 세계 상위 0.01%에 빛나는 연세대학교 병원 강창무 의사의 이야기를 들을 수 있었다.

소비자들의 트렌드가 웰빙(Wellbeing)으로 자리 잡고, 온 국민이 '잘 먹고 건강하게 사는 것'에 관심이 높아졌다. 이는 SNS에도 반영되어 남녀노소의 구분 없이 근육질 몸매를 자랑하고 운동법을 공유하는 것이 일반화되었다. 그렇다 보니 방송에서도 건강을 주제로 의사들이 패널로 출연하는 다양한 프로그램들을 볼 수 있다. 아예 〈명의〉라는 타이틀의 EBS 프로그램도 있다. 대중들에게 질병에 따라 전문 의사의 정확한 조언과 신뢰도 높은 정보를 주는 프로그램들이다.

〈유 퀴즈 온 더 블럭〉에 출연한 명의들도 중요한 의학적 정보들을 제공하는 것은 같았다. 하지만 다른 프로그램에서 다뤄지지 않은 의사의 인간적인 모습도 함께 전해졌다. 특히 울음을 참으며 떨리던 강창무 의사의 목소리가 아직도 귓가에 남는다.

강 의사는 자신이 대학교 2학년 때 어머님이 암 선고를 받아 고생하시다 돌아가셨다는 경험을 들려주었다. 붉어지는 눈가와 떨리는 목소리가 TV 밖으로 생생하게 전해졌다. 그는 돌아가신

어머니가 주신 교훈이라고 생각하며 본인의 진료 철학을 '가족처럼 진료하겠다'로 정했다고 한다. 이러한 진료 철학으로 따뜻한 마음과 말로 환자를 대하고, 진료와 수술을 하니 환자들도 안정감과 신뢰를 갖게 되고, 이는 회복에 긍정적 영향을 미칠 것이 분명하다.

과거에 우리 엄마도 대장암을 앓게 되어, 명의라고 불리는 유명 대학병원 의사를 찾아 수술을 받고 5년간 진료를 받았다. 그러나 명의라는 이유로 환자가 너무 많이 몰렸기에, 의사 선생님이 환자나 보호자와 눈을 맞춰주거나 따뜻하게 응답해주는 일은 드물었다. 보호자로 어머니를 병원에 모시고 다니면서 나는 의사와 환자의 역학관계를 자주 생각했다. 당시에는 의사에게 의지할 수밖에 없는 환자의 처지에 슬퍼하면서도, 밀려드는 환자를 일일이 세심하게 살필 여유가 없는 대형병원의 시스템을 이해하고 넘어갔지만, 〈유 퀴즈 온 더 블럭〉에 출연한 강 의사를 보고는 생각이 많이 바뀌었다. 차가운 이성으로 수술을 집도해야 하는 의사이지만, 그 마음속 따뜻한 감성이 오늘도 고통으로 하루를 이어가는 환자들을 버티게 하는 힘이 될 것이라고 말이다.

자신의 일에서 우러나오는 자신감, 김 의사

또 다른 출연자인 부인과 생식 내분비학 전문의 김미란 의사도 큰 감명을 주었다. 나의 전공과 직무 분야가 패션인 관계로, 타 전공이나 분야에 비해 여성의 비율이 높다. 그래서 대학 시절부터 지금까지 수많은 여성들과 함께 시간을 보냈고, 주변에서 부인과 질병이 생겼다는 이야기들도 여러 번 듣곤 했다. 요즘에는 특히 여러 환경문제 때문인지 초경이 빨라지고 젊은 여성들에게도 질병 비율이 높아져, 학생들 중에도 부인과 질환으로 휴학을 하는 경우도 있었다.

자궁 근종 로봇 수술의 대가로 불리는 김미란 의사는 편안한 분위기를 주는 외모로, 웃을 때는 스마일 이모티콘이 떠오를 만큼 귀여운 표정을 지니고 있었다. 밝은 웃음과 친화력 있는 말투, 힘 있는 목소리로 환자의 사례를 말하는 모습을 보면서 관련 질병이 생기면 꼭 저분에게 찾아가 치료를 받고 싶다는 생각이 들었다.

김 의사는 본인 스스로도 2010년 유방암 2기 진단을 받고 항암 치료를 네 번이나 받았던 암환자였다. 그런데도 항암 기간 동안 진료를 할 만큼 직업의식이 투철했다. 어려운 상황에서도 밝은 성격과 당당함을 잃지 않았고, 환자로서의 경험을 통해 환자의 마음을 잘 안다며 수술실에서 "무서워요. 선생님"이라고 말하는 환자에게 "내가 반드시 치료해주겠다"라고 말한다고 이야기했다. 그 말 한마디에 환자들은 수없이 많은 걱정을 조금은 내려놓고 침대에 기댈 수 있을 것이다.

"항상 수술실에 들어갈 때 비장한 마음으로 가요. 이건 전쟁이라고 생각하고…"라는 김미란 의사의 말에서 자신감이 느껴졌다. 자기 일에서 우러나오는 그 자신감이 흰 가운이 아닌 반짝이는 보석 가운을 입은 것처럼 의사 선생님을 빛나게 스타일링해주고 있다. 내가 이 두 의사 선생님을 강렬하게 기억하는 이유는, 두 분 모두에게서 환자를 대할 때 자기 아픔을 투사하여 환자의 아픔을 진심으로 느끼고 헤아리는 진정한 공감과 따뜻한 배려심을 느낄 수 있었기 때문이다.

상대방의 마음을 여는 힘이 가장 강력한 휴먼 스타일링

우리가 스타일링을 하는 이유는 나 스스로의 자신감과 자존감 향상을 위해서이기도 하지만, 대부분 '내가 아닌 다른 사람들에게 좋은 이미지를 표현하고 싶다'는 욕망에서 기인한다. 호감의 이미지를 통해 상대방에게 나를 인식시키고, 나를 찾도록 하고 싶기 때문이다. 그렇다면 '나를' 인식시킨다는 의미, 그래서 휴먼 스타일링으로 이어진다는 의미는 무엇일까?

재미있고 흥미로운 사람으로 인식되거나, 새롭고 멋있어 보이는 사람으로 인식되거나, 감동을 주는 사람으로 인식되는 것은 모두 휴먼 스타일링을 잘한 경우이다. 하지만 새롭고 멋있어 보이는 뉴(New) 스타일링, 재미있고 흥미로운 편(Fun) 스타일링

보다 상대방의 마음을 여는 힘을 발휘하는 감동 스타일링이야 말로 오랫동안 나를 잊지 않고 기억하게 할 수 있는 강력한 휴먼 스타일링이다.

앞에서 예를 든 강창무 의사와 김미란 의사는 자신의 분야에서 최고의 의술 권위자로 자신감을 통해 환자에게 안심을 주고, 따뜻한 공감과 헤아림을 통해 환자의 마음을 열게 해주는 진정한 감동 스타일리스트들이다. 이처럼 울림으로 상대방의 마음을 열게 하는 감동 스타일링이야말로 누군가에게 오래도록 남을 수 있는 진정한 스타일링이다.

명품에 휘둘리지 말고,
명품을 휘두르자

명품과 짝퉁은 한끝 차이가 아니다

2021년 1월 세간에 화제로 떠오른 인물이 있었다. 송지아라는 이름의 유명한 인플루언서 프리지아에 관한 기사가 인터넷을 가득 메웠다. 2021년 1월 17일 《iMBC 연예》의 "'짝퉁' 타격 프리지아… 지적재산권 인식 부족" 기사에 의하면 해당 논란은 한 명품 관련 인터넷카페에서 시작되었다.

프리지아가 출연한 넷플릭스의 웹예능 〈솔로지옥〉과 그녀의 인스타그램에 노출된 의상과 장신구가 모조품일 거라는 의혹이 제기된 것이다. 이러한 의혹은 각 아이템이 명품과 어떤 차이가 있는지 조목조목 따져지며 한 달이 넘도록 끝없는 소문을 낳았고, 급기야 우리나라뿐 아니라 세계적인 이슈가 되어 2월 16일

영국의 국영방송인 BBC에서까지 보도하기에 이르렀다. BBC 는 'Single's Inferno: Why 'fake' rich girl Song Ji-a enraged South Korea'라는 헤드라인으로 프리지아가 가짜 명품 옷을 입어 한국에서의 경력을 망쳤다며 이는 한국의 금수저 선망 문화 때문이라는 내용의 보도로 한국의 문화 전체를 부정적으로 바라보는 시각을 드러내기도 했다.

프리지아를 떠올리면 '저렇게 인형처럼 예쁘게 생기고 체형도 좋으니 어떻게 스타일링해도 참 예뻤을텐데, 굳이…'라는 생각이 들면서, 전문가로서 무척 안타깝다. 한편으로는 명품 감정원도 아닌 일반인들이 잠깐 동안의 영상에 비친 모습으로 명품과 모조품을 정확히 구분할 수 있다니, 그 능력도 대단하다는 생각이 든다.

관련 논란에 등장한 아이템이 모조품이라는 사실은 반클리프 앤 아펠(Vancleef & Arpels) 목걸이의 연결 부위 위치가 양쪽 1㎝ 정도씩 차이가 있고, 샤넬(Channel) 니트 크롭티의 샤넬 로고가 진품과 미묘한 사이즈 차이가 있다는 것, 샤넬 목도리의 태그 부착 유무 등으로 증명되었다. 웬만한 사람들은 찾아낼 수도 없는, 명품과 아주 세밀한 차이가 나는 짝퉁들이다.

이렇게 진짜 명품과 짝퉁은 눈썰미 좋은 일반 소비자들의 눈에도 구별이 될 정도로 차이가 있다. 모르는 사람이 보기에는 '한 끝' 차이가 명품을 결정한다고 생각할 수도 있지만, 실제로는 이

'한끝'이 매우 엄청난 차이를 가져온다. 단순히 형태의 문제가 아니라 디자인에 따른 가치와 브랜드 철학의 깊이에까지 이어지는 문제이기 때문이다. 소비자들이 명품을 살 때는 제품만 사는 것이 아니라 그 제품의 디자인이 나오기까지 디자이너가 들인 땀과 노력, 브랜드의 가치와 철학까지를 모두 사는 것이다. '한끝'이 '한(없는) 끝'이 되는 이유다.

우리가 명품에 열광하는 이유

코로나19라는 팬데믹 이후 명품 구매가 급증하고 있다는 뉴스를 보았다. 2022년 2월 15일자 《뉴시스》 기사에 따르면 보복 소비와 MZ세대의 플렉스(Flex, 과시형 소비)의 영향으로 명품 판매량이 23% 증가했다고 한다.

이렇듯 많은 이들이 명품을 갖고 싶어 한다. 돈이 많아 명품을 쉽게 구매하는 사람도 있겠지만 대부분의 사람들은 차곡차곡 돈을 모아 사기도 하고, 어떤 사람은 중고 명품 매장에서, 또는 당근마켓에서 중고 명품을 사기도 한다. 요즘은 홈쇼핑에서도 24개월, 36개월 등 장기 무이자 할부 혜택을 부여하며 다양한 명품 브랜드를 판매하여, 많은 사람들이 애용하고 있다. 또 일부 사람들은 명품과 모조품의 엄청난 차이에도 불구하고 프리지아 송지아처럼 SA급, A급 가품을 찾아 구매하기도 한다.

우리나라 이태원이나 동대문에만 짝퉁이 있는 것은 아니다. 미국의 타임스퀘어 거리에서도 돗자리를 펴고 앉아 짝퉁 가방을 파는 흑인을 본 적이 있고, 중국 상하이 어느 아파트에 비밀스러운 짝퉁 스토어가 있다는 이야기를 들은 적도 있다. 이처럼 나라를 막론하고 사람들이 명품을 가지기 위해 노력하는 이유는 뭘까?

명품의 특징은 우선 희소성이 있고, 비싸며, 품질과 디자인이 좋다는 것이다. 사람들은 이러한 명품 구매를 통해 자신의 가치도 같이 높아진다고 생각한다. 즉 명품을 걸치고 다니는 것으로 자신의 사회적 위치가 향상되는 것처럼 생각하는 것이다. 명품을 걸치고 백화점에 가면 숍 마스터가 얼른 달려와 인사를 건넬 것만 같고, 대충 평소의 수수한 자기 모습으로 가면 쳐다보지도 않을 것 같은 심리가 있다. 그리고 사실 그래서는 안 되는 일이지만, 가끔 현실에서 그런 일이 벌어지기도 한다. 그러니 명품을 소유하게 되면 명품을 살 수 있는 집단에 자신도 속한 것 같은 우월감을 갖게 되고, 다른 집단에게는 '나는 너희들과 다르다'는 과시욕을 채울 수 있다. 그런데 명품을 소유하면 정말 나의 사회적 위치에 변화가 생길까? 얼마나 소유하게 되면 만족감을 갖게 될까?

투머치는 스타일링을 망치는 지름길

SNS에 가끔씩 올라오는 사진이 있다. 재벌, 일반 부자, 졸부의 패션 비교 사진인데 볼수록 수긍의 끄덕거림과 함께 웃음을 짓게 한다. 사진 속 재벌은 트레이닝 차림이고, 일반 부자는 한두 개의 명품을 입거나 들고 있어 꾸민 듯 안 꾸민 듯한 차림이며, 졸부는 머리끝부터 발끝까지 명품을 휘감은 차림이다. 졸부의 패션 사진을 보면 스타일링 속의 엄청난 명품 아이템들이 화려함을 넘쳐 촌스럽게까지 느껴진다. 학생들뿐 아니라 일반인을 대상으로 스타일링 강의를 할 때 내가 가장 강조하는 말이 있다.

"아이템을 코디네이션할 때 가장 명심해야 할 것은 절대 투머치(Too Much)는 안 된다는 것입니다! 그것은 전체 스타일링을 망치는 지름길입니다."

정도를 지나치면 미치지 못하는 것과 같다는 과유불급(過猶不及)이라는 말처럼, 스타일링도 마찬가지다. 졸부의 사진은 그야말로 과유불급의 좋은 예가 된다. 본인이 가지고 있는 것에 만족하지 못하고, 부족하다 생각하니 명품으로 그것을 가리고 채우고 싶은 것이다. 그것을 통해 자신을 완벽하게 꾸미고 싶겠지만 결과는 그렇지 않다. 부자연스럽고 촌스럽기까지 하게 된다.

반면에 재벌의 사진은 꾸미지 않았는데도 스타일링에서 엣지(Edge)가 느껴진다. 명품이 아니라 자신에게서 우러나오는 자신감이 그런 분위기를 만드는 것이다. 그들이 자신감 있어 보이는 것은 명품 때문이 아니라 '태도'에 그 이유가 있지 않을까?

내가 명품이 되어야 명품이 더 잘 어울린다

퍼스널 브랜드도 이와 마찬가지가 되어야 한다. 우리가 비싼 가격을 주고 브랜드의 가치와 철학이 담긴 명품을 사는 것처럼 우리도 우리의 몸값을 비싸게 만들기 위해서는 자신만의 가치와 철학을 담아 탄탄하게, 명품처럼 만들어야 하는 것이다. 엣지 있는 스스로가 되어 명품을 걸쳤을 때에야 최고의 스타일링이 되지 않겠는가?

내가 박사과정 시절 문화예술학을 강의해주신 최진용 교수님은 누구나 인정할 정도로 명품과 같은 인품을 지니고 계신 분이다. 35년간 문화관광부에서 공연팀장, 예술국 사무국장, 영화과장, 기획조정국장, 국립중앙극장장, 한국간행물윤리위원회 사무처장 등을 지내고 정년퇴직하신 후에도 노원문화예술회관 관장, 서울문화예술회관연합회 신입회장, 인천문화재단 대표를 지내셨다.

타 학부 학생임에도 박사과정 중 나를 참 많이 아껴주셨고, 졸업 후에도 좋은 문화예술 모임에 자주 초대해주시는 등 나의 부족한 문화와 예술지식을 조금이나마 넓혀주셨다. 또 마음이 어려울 때마다 따뜻하게 헤아려주시고, 늘 책과 다양한 음악 CD를 챙겨주서서 아이를 가졌을 때 안정감 있는 태교도 가능했다. 교수님은 내게 해주신 것 이상으로 늘 어려운 예술인들을 챙기셨다. 분야와 세대를 막론하고 항상 문화예술인들과 함께하며 도움을 주셨고, 스스로를 "경제적으로 부자는 아니나 '문화'라는 좋은 친구가 있기에 나는 '행복한 부자'다"라고 항상 말씀하셨다.

나는 우리나라 문화가 오늘날 세계적인 K-문화로 자리 잡을 수 있게 된 것은 이러한 명품 한국인이 존재하기 때문이라고 생각한다. 그리고 이렇게 스스로가 명품인 사람이야말로, 명품이 잘 어울리는 사람이다. 물론 그런 사람은 굳이 명품을 쓰지 않아도 그 자체로 빛이 난다. 스스로가 명품이기 때문에, 명품을 크게 갈구하지도 않는다. 또 간혹 명품을 쓴다 해도 그것이 명품인지조차 눈에 들어오지 않는다.

생각해보자. 당신은 명품에 휘둘리는 사람인가, 아니면 명품을 휘두르는 사람인가? 어느 사람이 더 존재 가치가 있는지 답은 이미 정해져 있을 것이다.

거리에서 만나는
스타일리스트들

패션 대축제 서울 패션 위크

코로나19 팬데믹으로 인해 패션쇼장에서 패션쇼를 본 지도 오래되었다. 비대면으로 이루어지는 온라인 패션쇼는 여러 번 반복해서 볼 수 있는 장점이 있지만, 역시 패션쇼는 패션쇼장에서 맛볼 수 있는 긴장감과 쩡쩡 울리는 음악, 분위기를 잡아주는 조명을 직접 느끼며 봐야 제맛이다. 그런 패션쇼의 매력이 그리워, 지금도 나는 가끔 예전에 패션쇼 메이크업을 했던 시절을 떠올리곤 한다.

매년 봄과 가을에 진행되는 서울 패션 위크(Seoul Fashion Week)는 패션인, 아니 패션을 좋아하는 모든 사람들을 위한 축제 주간이다. 내가 패션쇼 메이크업을 했던 시기에는 지금처럼 '서울 패션 위크'가 아니고 디자이너별 협회마다 각각의 그룹이 있어 SFFA(Seoul Fashion Artist Association, 한국 패션아티스트 협의회), KFDA(Korea Fashion Designer Association, 한국 복식 디자이너 협의회), NWS(New Weave in Seoul) 등으로 나뉘어 각각 다른 날 쇼를 개최했다. 그러다 서울을 세계적인 패션 도시로 육성하기 위해 각각의 디자이너 협회가 모두 모여 서울 패션 위크를 마련했고, 이것이 한국의 패션 대축제 기간으로 자리 잡게 된 것이다.

컬렉션 기간은 패션 대축제 기간인 만큼 패셔너블한 사람들이 쇼장에 모인다. 패션쇼가 지금처럼 대중화되기 전에는 주로 연예인, 스타일리스트, 패션 관계자들이 VIP로서 방문했지만 지금은 일반인들도 개성 있는 스타일링으로 멋지게 차려입고 패션 쇼장을 찾는다. 패션쇼 장소가 DDP(Dongdaemoon Digital Plaza, 동대문 디지털 플라자)로 옮겨진 뒤로는 더 넓은 공간에 더 많은 사람들이 모이게 되었다. 한국인뿐 아니라 외국인들까지도 한껏 멋들어지게 치장하고 패션쇼 주간을 신나게 즐기게 되었다. 티켓이 없으면 초대된 사람들 외에는 패션쇼장 안에 들어갈 수가 없고, 그렇다고 쇼 티켓을 판매하지도 않는데 컬렉션 기간에는 늘 바글바글 사람들이 모인다. 패션에 관한 관심과 궁금증, 멋진 사람들과 어울리고 싶은 마음, '나도 멋있어~', '내가 제일 멋있어~', '내가 제일 잘나가~' 뭐 이런 뜨거운 패션인들의 마음이 하나둘 DDP로 발걸음을 옮기게 하는 것이다.

스트리트 패션의 공식 찾기

패션쇼장에서 만난 패셔너블한 일반인들을 살펴보면 다양한 패션 공식을 찾을 수 있다. 수학처럼 딱딱 떨어지는 개념과 공식이 따로 있는 것은 아니지만, 어려운 수학 문제를 푸는 쾌감 이상으로 즐겁게 패션을 분석할 수 있다. 그래서 나는 패션과 스타일링을 공부하는 우리 학교 학생들에게 패션쇼 기간 동안 패션쇼장의 패션을 분석하는 과제를 한 해도 빠짐없이 내고 있다. 올해로 20년째 강의하고 있으니 최소 20번 이상은 과제를 내준 셈이다.

봄과 가을에 각각 S/S, F/W 컬렉션이 개최되니 개성 있는 패션은 끝없이 펼쳐진다. 패션쇼에 참석하는 VIP의 경우 해당 디자이너 브랜드의 의상이나 명품 브랜드의 의상을 입고 오기도 하는데, 일반적으로 이러한 의상을 '하이 패션(High Fashion)'이라고 한다. 쉽게 말해 패션 디자이너의 철학이 담긴 고급 패션을 뜻하는데, 이와 반대되는 개념으로 실용적이고 대중적인 패션을 뜻하는 '매스 패션(Mass Fashion)'이 있다. 하지만 그곳에서 만나는 패셔너블한 일반인들은 보통 하이 패션도 매스 패션도 아닌 경우가 많다.

즉 고급의상도 아니지만 대중적이지도 않은 의상을 입은 경우, 고급의상과 대중적인 의상을 섞어 입은 경우, 너무나 강한 아방가르드 패션(Avant-garde Fashion, 대중성을 무시한 실험적 요소가 강한 디자인이나 일반적인 유행에 앞선 독창적이고 기묘한 디자인으로 이루어진 패션) 의상을 입은 경우 등 독특한 스타일이 많다. 그래서 이를 모두 스트리트 패션(Street Fashion)이라고 부르는 것이 가장 적합할 것 같다.

스트리트 패션이란 단어 뜻 그대로 길거리 사람들의 패션을 일컫는 패션 용어로, 젊은 층 사이에서 자생적으로 생겨난 패션이다. 일반적으로 패션은 하이 패션에서 비롯되어 일반인에게 전해지는 톱 다운(Top Down) 현상으로 진행된다. 반대로 스트리트 패션은 거리의 일반인들의 패션이 하이 패션에 영향을 주게 되는 보텀 업(Bottom Up) 현상을 보인다.

서울 패션 위크 기간 동안 패션쇼장 안에서는 톱 다운 현상이, 밖에서는 보텀 업 현상이 일어나고 있으니 그야말로 대축제가 아닐 수 없다. 이러한 패션 축제를 즐길 줄 아는 멋쟁이들로 가득한 서울 패션 위크의 스트리트 패션을 살펴보면 독특한 아이템의 조합, 컬러의 배색, 문양의 조합, 독특한 헤어와 메이크업 등에서 기발한 모습을 수없이 만날 수 있다. 일반적 공식으로는 풀 수 없는 무궁무진한 패션들이다.

스타일링의 기본은 자신감이다

서울 패션 위크에서만 이런 무궁무진한 패션을 찾을 수 있는 것은 아니다. 요즘은 거리 곳곳에서 눈에 띄는 스트리트 패션을 찾아볼 수 있다. 홍대, 강남, 청담 등 동네마다의 특색도 볼 수 있다. 같은 문화를 공유하는 사람들끼리는 비슷한 이미지가 연출되기 마련이고, 스트리트 패션은 그 자체로 거리의 문화에 포함되어 있기 때문이다. 그래서 동네마다 스트리트패션도 각각 다르다. 물론 동네마다 고유한 색깔이 있다고 해서 그 동네에서 만나는 사람들이 모두 유니폼처럼 똑같은 의상과 헤어 및 메이크업을 하고 있는 것은 아니다. 단지 분위기나 연출법에서 유사성이 있다는 것이다.

특히 MZ세대는 더욱 개성을 존중하기 때문에 획일화된 패션에 관심을 두지 않는다. 트렌드라는 적당한 테두리 안에서 독특하고 '나다운, 나만의, 온리원(Only One)' 패션을 추구한다. 그러니 패션의 방식이나 공식이 더욱 다양해질 수밖에 없다.

나는 해가 갈수록 거리 패션이 훨씬 개성적이고 패셔너블해지는 것을 느낀다. 예전에는 패션쇼장이나 어느 특정 장소를 가야만 스타일 넘치고 감각 있는 패셔니스타들을 만날 수 있었다. 하지만 지금은 어느 거리에서도 다양하고 멋진 모습의 개성 넘치는 패션인들을 만날 수 있다. 그리고 이들 길거리 패셔니스타들의 공통점은 '자신감'이다. 그들은 모두 스스로 언제, 어디에 가는지, 무슨 이유로 가는지 파악하고 고려해서 본인을 스타일링한다. 그리고 그것이 바로 T.P.O.에 맞는 스타일링이 된다.

이렇게 자신의 체형과 얼굴형의 장단점을 잘 알고, 그것에 맞추어 의상을 선택하고 헤어와 메이크업을 갖춘 이들이 자신감으로 무장하고 거리에 나서면, 거리는 곧바로 런어웨이가 된다. 그런데도 많은 사람들이 "나는 옷을 못 입어", "어떻게 스타일링하는지 모르겠어"라고 자주 말하는 것은 모두 자신감이 없기 때문이다. 스타일링에 자신이 없는 것이 아니라 스스로에게 자신감이 없어서 하는 말이다.

패션의 자신감은 스스로에 대한 자신감에서 우러나온다. 주변에서 공감할 수 없는 스타일링을 했다 하더라도 높은 자존감과 자신감을 갖고 있다면 동일한 패션 스타일링도 기발한 스타일링으로 거듭날 수 있다. 다소 어울리지 않거나 테크닉이 부족할 수도 있겠지만, 우리는 모두 저마다 개성 있게 자신을 표현할 수 있는 나만의 스타일리스트다.

가치와 실행력을 스타일링하는 MZ세대

누군가의 뒤에서 앞으로 나오다

2021년, 걸크러쉬(Girl-Crush)가 무엇인지 제대로 보여준 방송 프로그램이 있었다. 바로 우리나라 최고의 스트리트 댄스 크루를 찾기 위한 리얼리티 서바이벌 프로그램인 Mnet의 〈스트릿 우먼 파이터〉이다. 그동안 각 방송사들마다 아이돌 그룹, 발라드 가수, 트로트 가수 등을 뽑기 위한 각종 오디션 프로그램을 쏟아내듯 방영했지만, 개인적으로는 오디션 프로그램 중에 가장 파워풀하고 생동감 있는 프로그램이지 않았나 싶다.

참여 팀은 라치카, 원트, 프라우드먼, 홀리뱅, 훅, 코카N버터, YGX, 웨이비의 총 8팀. 여러 명의 댄서들이 함께 팀을 이루어 참여하기 때문에 우선 무대가 꽉 차는 느낌이 들었다. 게다가 머리끝부터 발끝까지 '쎈 언니'로 무장한 참가자들의 걸크러쉬 스타일링으로, 그들이 아무런 동작 없이 서 있기만 해도 이미 무대에 힘이 느껴졌다.

참여한 팀원들은 사실 무대에 처음 오르는 사람들이 아니라, 이미 가수들 뒤에서 무대의 완성도를 높여주었던 댄서들이었다. 그래서인지 긴장하지 않는 노련한 모습들을 보였다. 과거에는 백댄서(Back Dancer)들이 그야말로 백(Back), 즉 스타의 뒤를 풍경처럼 장식하는 이들이었지만 지금은 달라졌다. 그들은 무대 위에서 더 빛나는 존재가 되었다. 〈스트릿 우먼 파이터〉의 인기와 성공 비결은 자기만의 '프로페셔널한 에너지와 파워를 지닌 이들의 부각'이 아닐까 생각한다. 누군가의 뒤에만 있다가 당당히 앞으로 나와 주인공이 되는 시대, 그게 바로 지금 우리가 맞닥뜨린 시대가 아닐까!

가치와 실행력을 부여한 조연은 강렬하다

〈스트릿 우먼 파이터〉를 통해 무대 뒤 조연에서 무대 앞 주연으로 나온 이 새로운 주역들은 각 크루의 리더인 모니카, 허니제이, 가비, 아이키, 노제, 효진초이, 리헤이, 리정 등이 대표적이다. 이들은 대중의 엄청난 관심과 사랑으로 현재 스타 대열에 합류하였다. 여기저기 다양한 예능 프로그램에 출연하며 과거 그들의 앞에 서서 스포트라이트를 독차지했던 스타들과 어깨를 나란히 하고 있다.

이렇게 조연에서 주연으로 올라선 이들도 있지만, 지금도 여전히 가수들의 뒤에는 댄스팀이 함께한다. 가수 1~2명이 무대에서 강한 퍼포먼스를 보이는 것보다 댄스팀이 함께하면 퍼포먼스는 더욱 강렬하고 무대의 완성도는 높아지기 때문이다.

내가 한창 현장에서 일했던 시절, 가수들의 방송 의상과 함께 댄스팀의 의상도 함께 제작했었다. 그런데 댄스팀 의상은 제작하기가 꽤 까다롭다. 가수들의 의상과 비슷한 콘셉트로 변화를 주어 제작하면서도 가수들의 의상이 돋보이도록 색채와 디테일을 고려해야 하기 때문이다. 가수들 의상은 방송사 조명을 고려하여 여러 벌 더 만들지만, 댄스팀은 한 벌로 버티기 일쑤였다. 제작비도 맞추어야 했기에, 댄스팀 의상까지 그렇게 할 여유는 없었던 것이다. 이렇게 언제나 좋은 것, 눈에 띄는 것, 멋진 것, 예쁜 것들은 모두 가수들이 독차지했다. 왜? 가수는 주연이고, 댄스팀은 조연이니까.

물론 그러다 방송관계자의 눈에 띄어 주연으로 발탁되는 경우도 간혹 있었다. 많은 댄서들이 그렇게 되길 희망하지만 그것은 굉장히 운이 좋은 케이스일 뿐, 적은 수입과 엄청난 연습량 등으로 포기하고 다른 분야로 이직하는 경우도 많았다. 그런 방송 세계를 경험했던 내게 〈스트릿 우먼 파이터〉는 시대가 변했음을 보여주는 상징적인 프로그램이었다.

무대 뒤를 장식하는 이들이 이처럼 강력한 인상을 주는 이유는 한마디로 그들이 자기만의 분야(춤)에서 정점을 찍은 이들이기 때문이다. 특히 각 팀의 리더들은 그동안 K-POP의 안무가였고, 아이돌 그룹의 선생님이었으며, NBC 월드오브댄스에서 수상하기도 했던 어마어마한 프로 댄서들이다. 이들에게서 우리가 볼 수 있었던 강한 힘은 그동안 안무를 만들어 가르치고, 함께 무대에 서면서, 또 스타의 일거수일투족을 함께하며 방송 무대에 집중할 수 있도록 도우면서 우리 K-문화의 완성도를 높여온, 그들의 탄탄한 실력과 노력이 만들어낸 힘이다.

가치와 실행력을 부여한 조연은 강렬하다! 과거에는 가수에만 집중했다면, 지금은 각자 맡은 재능을 발휘한 이들에게도 집중하게 되는 것이 다르다. 그래서 이미 잘 알려진 스타가 참여하지 않았지만, 이런 프로그램도 가능했던 것이다.

MBC의 〈전지적 참견 시점〉이라는 예능 프로그램도 같은 맥락이다. 스타의 이야기가 아닌 스타를 케어하고 만드는 매니저들, 자신만의 전문 분야에서 프로페셔널한 실력을 갖춘 이들의 이야기이기에, 그 스토리에는 힘이 있다.

누구나 자기 인생의 주연이다

요즘은 코로나19로 다소 조심스럽게 진행하고 있지만, 우리 학교에서는 매년 7월부터 8월까지 2학년 재학생들을 대상으로 실무 스타일리스트 학습을 위한 현장 실습이 이루어진다. 스타일리스트과 전임교수가 현직 스타일리스트 출신이라 다양한 분야에 학생들을 보내 실무 현장 학습을 진행해왔다. 학생들의 희망 취업 분야에 맞춰서 방송 현장, 광고 촬영장, 홍보대행사, 패션 브랜드, 쇼핑몰, 웨딩숍 등에서 실습 과정을 이수하게 된다.

그중 학생들이 특히 많은 관심을 갖고 신청하는 분야는 아이돌 스타일리스트 분야이다. K-POP 스타들을 현장에서 접하며 실습을 완료하고 돌아온 학생들의 대다수는 한층 더 현장 업무를 이해하게 된다. 그런데 간혹 갈등이 생기거나 본인의 의사가 변경되어 돌아오는 경우가 있다. 내가 지도했던 한 학생도 그런 경우였다.

그 학생은 K-POP 아이돌 그룹의 스타일리스트로 현장 실습을 나갔다가 크게 실망한 표정으로 돌아와 나를 찾아왔다. 이유를 들어보니, 자신과 비슷한 또래의 가수들은 화려하게 스타일링하고 무대에 올라가 빛나는 조명을 받는데, 정작 본인은 짐을 잔뜩 들고 다니면서 그들을 빛나게 해주는 일에 치이고 있으니 자괴감이 들고 속상하다는 이야기였다.

나는 그 학생에게 "가수들은 무대 위에 올라가서 빛을 내주는 나의 이미지 작품이야. 가수와 네 역할이 다르단다. 가수는 무대에서 빛을 발휘해야 하는 것이 역할이고, 스타일리스트는 무대 뒤에서 내 작품, 즉 그 가수를 빛내는 것이 역할이란다. 그 가수가 빛이 났을 때 진정 너에게도 빛이 나는 것이겠지. 너는 스타일리스트이고, 너의 재능은 스타일링을 하는 것이니까"라고 조언해주었다.

내가 그 학생에게 강조하여 들려주고 싶었던 것은 딱 하나, 인생에서 조연은 없다는 것이었다. 가수는 무대 위에서 주연이고, 댄스팀은 가수 뒤에서 조연이 아닌 주연이며, 스타일리스트는 무대 뒤에서 조연이 아닌 주연이다. 각자 맡은 분야에서 자기 일에 최선을 다하며 스스로 자기만의 가치와 실행력을 가지는 것이 진정한 주연이 되는 길이다. 그리고 이것이야말로 궁극의 퍼스널 브랜딩이자 휴먼 스타일링이라고 생각한다.

누구나 나의 인생, 나의 무대에서는 주연이라는 사실, 이 사실 하나만 잃지 않는다면 자기 에너지를 쏟는 데 걸림돌은 아무것도 없을 것이다.

4장 ● 휴먼 스타일링의
핵심 KEY

스타일링도 목표가 있어야
제대로 완성된다

나의 목표가 무엇인지 스스로에게 묻고 답하라

'허영청(虛影廳)에 단자 걸기'라는 속담이 있다. 허영청은 '빌 허(虛)', '그림자 영(影)', '관청 청(廳)'으로 '빈 그림자뿐인 집'이라는 뜻이다. 실제로 있는 곳이 분명하지 않음을 비유적으로 이르는 말이다. 따라서 '허영청에 단자 걸기'는 뚜렷한 계획이나 목표 없이 일을 벌이는 어리석음을 비꼬는 말이다.

모든 일이 그렇다. 목표가 없다면 성과가 없을 가능성이 높고 성과가 있다 해도 이루기까지 실패를 거듭하는 헛된 시간을 투자해야 한다.

스타일링도 마찬가지다. 나의 상황, 보이고 싶은 새로운 모습을 목표로 삼았다면 그 목표를 이루기까지 많은 시간을 소비해야 비로소 '나만의 휴먼 스타일링'이라는 목표에 도달할 수 있다. 단 여기서 휴먼 스타일링이란 '그냥 예쁘게 연출하는 것'이 아니다. 착각하지 말자. 제대로 된 휴먼 스타일링이란 단순히 '예쁘게' 하는 것을 넘어서서 '올바르게', '어울리게' 연출하는 것이기 때문이다. 그리고 이것이 가능하려면 먼저 목표를 제대로 설정할 수 있어야 한다.

목표는 시시때때로 카멜레온처럼 변화될 수도 있다. 그 이유는 상황, 즉 T.P.O.에 따라 내가 원하는 스타일링, 상황에 알맞게 어울리는 스타일링이 변할 수 있기 때문이다. 따라서 내가 원하는 스타일링의 모습은 무엇인지 생각하고, 스스로 묻고 답해보는 과정이 필요하다. 그 결과는 내 스타일의 변화로 다가올 것이므로 꾸밈없이 솔직하게 묻고 답하는 연습을 자주 해보자. 그렇게 스스로 묻고 답하는 연습이 일상화된다면 나의 휴먼 스타일링은 '허영청'이 아닌 '휘영청'이 될 것이다.

헛된 꿈인가, 실현될 꿈인가?
내가 초등학교 시절 우리 엄마가 좋아하던 노래가 한 곡 있다. 하도 많이 들어서 지금까지도 귀에 너무나 익숙한 그 노랫말은 이렇다.
"꿈이었다고 생각하기엔 너무나도 아쉬움 남아~"

그 시대 가왕, 국민가수라고 불렸던 조용필의 〈허공〉이라는 노래의 첫 구절이다.

앞에서 스타일링을 위해 목표, 즉 이루고자 하는 꿈이 무엇인지를 생각하고 스스로 묻고 답해보라고 말했다. 본인의 꿈을 스스로에게 열심히 묻고 답하는 행위 자체가 우리가 변화될 수 있다는 큰 의미를 갖는 것은 확실하다. '휘영청'이 되기 위한 중요한 첫 발자국인 셈이다.

하지만 그것이 〈허공〉의 가사처럼 아쉬움만 남은 헛된 꿈이 되는 경우도 종종 있다. 그렇게 끝나지 않도록 하려면, 나를 파악하는 과정을 잊어서는 안 된다. 내가 보여주고 싶은 모습만 목표로 삼을 것이 아니라 그 목표가 나에게 어울리는지, 어느 정도의 변화가 가능할 것인지도 체크해야 한다. 체형, 얼굴형, 퍼스널 컬러, 원래 가지고 있는 이미지, 성격 등을 고려한 나의 모습과 꿈의 조화도가 어떨지를 판가름해야 하는 것이다.

예를 들어 개그우먼 이영자 씨가 새로운 예능 프로그램에서 귀여운 콘셉트의 역할을 맡아 새로운 스타일링 목표를 세웠다면 어떨까? 머리를 양 갈래로 묶고 멜빵 치마를 입은 뒤 애교 있는 태도와 말투로 모든 것을 '귀요미' 콘셉트에 맞추어 스타일링했다고 상상해보자. 머리부터 발끝까지, 패션부터 태도까지 모두 일관된 콘셉트에 맞게 스타일링하는 데 성공했다고 해서, 시청자들의 눈에도 그가 귀여운 콘셉트의 개그우먼으로 보일까? 아마 그렇게까지 전격적인 이미지 변신은 힘들 것이다. 이영자 씨가 그간 시청자에게 보여주었던 이미지와 스타일이 있기 때문에 그녀의 변신을 보는 시청자들은 무엇인가 불편하고 어색한 느낌을 느낄 것이 분명하다.

이런 사례는 드라마나 영화에서 더 흔히 목격된다. 미스 캐스팅(Miss Casting), 즉 배역을 맡은 배우가 캐릭터와 어울리지 않아 작품에 부정적 영향을 끼치게 되는 일까지 생긴다. 전문 스타일리스트가 배우 곁에서 스타일링을 했을 텐데도 연기자가 배역에 맞지 않는 느낌을 주는 것은 스타일링의 실패라기보다는 배우와 콘셉트, 즉 연출해야 하는 목표가 조화롭지 않기 때문이다.

실현 가능할 꿈으로 자기 자신을 스타일링하는 것도 이와 마찬가지다. 영화감독이나 연출가가 캐릭터를 고민하고 연구하여 작품에 맞는 배역으로 스타일링 하듯이, 스스로를 스타일링하는 일 역시 자신의 이미지와 고유의 색깔에 맞게 해야 비로소 제대로 완성된 스타일링이라 할 수 있다.

꿈만 꾸고 있는 자, 꿈을 위해 노력하는 자

우리 사회에서 요즘 '코로나' 다음으로 가장 많이 쓰이는 단어는 '혁신'이지 않을까 싶다. '지역 사회의 혁신', '대학 교육의 혁신', '정당의 혁신' 등 분야를 막론하고 여기저기 곳곳에서 새로운 변화를 위한 혁신을 외치고 있다. 하지만 만약 가능성이 없고 올바르지 않다면 그들이 원하는 목표이자 꿈인 새로운 변화는 헛된 꿈이 될 것이 뻔하다. 가능성이 있다 해도 노력 없이 얻어지지는 않으며, 또 곧바로 얻어지는 것도 아니다.

우리의 휴먼 스타일링에도 새로운 변화, '혁신'이 필요하다. 그런데 혁신은 변화를 완성하기 위해 끊임없는 노력을 경주할 때 이루어진다. 원하는 목표를 세우고 본인과 조화를 이룰지 체크하여 본인이 가지고 있는 스타일 요소와 새로운 요소를 잘 결합하여 조화로운 스타일링을 이루도록 노력해야만 비로소 변화도 혁신도 온전히 나만의 것이 될 수 있다.

이를 성취하기 위해서는 첫째, 목표 설정을 뚜렷하고 구체적으로 해야 한다. 또 현실에 기반한 목표여야 한다. 앞에서 말했던대로 유행하는 아이템에 초점을 맞추기보다는 나에게 어울리는 목표, 내가 성취할 수 있는 목표를 세우는 데 주안점을 두어야 한다.

성취를 향한 두 번째 태도는 정한 목표를 향해 날마다 조금씩 행동을 실천하는 것이다. 원하는 목표 설정만 멋있게 하고 끝난다면 그저 계속 꿈만 꾸고 있을 뿐이다. 꿈은 실천하기 위해 움직일 때 비로소 현실의 영역으로 들어온다. 꿈을 실현 가능한 영역으로 가져온 뒤, 이를 이루기 위해 하루에 한 가지씩 노력하자. 원하는 목표를 설정하여 본인과의 조화가 가능할지 파악하고, 변화를 위한 다양한 스타일링 요소를 적용해보는 것, 그리고 변화되는 모습을 지속적으로 체크하는 것이 바로 꿈을 위해 노력하는 자세이다.

셋째는 스타일링을 위해 다양한 의상을 선택하고 컬러를 선정하며 헤어와 메이크업 시술, 전체 분위기와 맞는 구두, 가방, 시계, 목걸이, 스카프 등의 액세서리 스타일링, 상황에 따른 매너와 말투, 화법 등 스타일링 요소 하나하나를 결합하고 자신에게 맞춰가는 노력을 하는 과정이다.

처음 스타일링을 시도하는 사람들은 방법을 잘 모르고, 기술도 부족하기 때문에 시간과 노력이 더 많이 필요할 것이다. 너무 어려워 준비하는 과정에서 꿈을 포기하고 싶은 마음이 생긴다면, 서적이나 지식정보 채널, 유튜브 등을 통해 다양한 정보를 찾아보거나 전문가들에게 도움을 받는 방법을 추천한다. 이러한 모든 시도와 과정을 통해서 비로소 우리가 원하는 올바른 스타일링을 제대로 완성할 수 있고, 노력의 결실로서 마침내 꿈을 실현할 수 있게 되는 것이다.

얼굴과 몸에 딱 맞는
나만의 패션 철학

패션 스타일링은 시작은 나를 파악하는 것

유송옥 저자의 《패션과 문화》(교문사, 2009), 허순득 외 저자의 《미용학개론》(광문각, 2012) 등의 저서를 보면 패션과 뷰티의 기원을 신분 표시설, 자기 보호설, 장식설, 종교의식설 등으로 서술하고 있다. 현대를 사는 우리가 왜 옷을 입고, 메이크업과 헤어를 하고자 하는지 생각해보면 약간의 의미 차이는 있겠으나 기원설과 연결된다는 것을 알 수 있다. 특히 장식설은 지금의 '패션'의 의미와도 일맥상통하는 부분이 많다.

장식설은 인간의 내면에 타인에게 자신을 아름답게 나타내거나 돋보이게 하는 욕망이 있어 신체의 아름다운 부분을 돋보이게 하고 추한 부분을 감추고자 시작되었다는 기원설이다. 결국 우리가 패션 스타일링을 하는 이유도 아름다워지고, 돋보이고자 하는 것이니 통한다고 볼 수 있다. 특히 이 장식설에는 스타일링에 있어 가장 중요한 부분이 잘 설명되어 있다. '신체의 아름다운 부분을 돋보이게 하고 추한 부분을 감추고자 시작되었다'라는 서술이다. 그렇다면 신체의 아름다운 부분을 돋보이게 하기 위해 가장 중점에 두어야 할 요인은 무엇일까? 나는 무엇보다 '자기 자신을 파악하는 것'이라고 생각한다.

우리는 세계적 이슈가 실시간으로 전달되는 정보화 시대에 살고 있다. 핸드폰만 누르면 전문가를 통한 고급 정보부터 우리 주변인들의 현실 조언까지, 하루에 수백 건 이상의 패션과 뷰티 정보를 얻을 수 있다. 그렇게 끝도 없는 정보 속에서 배우고, 익히고, 실패하고, 성공한다. 그러나 아무리 좋은 정보를 얻어도 나에게 맞지 않으면 실패하게 되고, 주변인들의 사소한 현실 조언도 나에게 잘 맞고 어울린다면 성공이다. 결국 나에게 맞는 것을 선별하여 스타일링해야만 성공할 수 있다. 그러려면 우선 자신의 강점과 약점을 있는 그대로 알고 있어야 한다. 즉 자신을 잘 파악하고 있어야 한다. '나'를 아는 것이 스타일링의 시작이다.

현재 나의 얼굴을 기억하는가?

바쁜 하루 일과 중 내 얼굴을 자세히 들여다보는 시간이 얼마나 될까? 아침에 일어나 씻고 급히 화장할 때, 학교에서 화장실 다녀오며 손 씻다가 슬쩍, 다시 집에 와서 씻으며 대충, 이렇게 평균적으로 3~4번 거울을 보게 되고, 어쩌다 모임이나 회의가 있으면 1~2번 더 보는 것이 전부이다. 그러다 행사에서 찍힌 사진을 보니 어느새 축 처져 변해버린 얼굴형, 작아진 눈 크기에 깜짝 놀라기도 했다.

우리는 자신을 꽤 예뻤던 예전, 젊은 시절의 얼굴로 기억하곤 한다. 젊은 층은 예쁜 모델이나 어느 배우의 얼굴을 동경하며 머릿속에 그 얼굴과 비슷하게 치환시켜 기억하기도 한다. '난 너무 못생겼어. 이렇게 생겨서 어떻게 하지?' 하면서 낮은 자존감을 가지는 것보다는 훨씬 긍정적이라고 생각할 수 있지만, 현재 자신의 얼굴을 제대로 기억하고 알고 있어야 제대로 된 헤어·메이크업과 패션 스타일링을 할 수 있다. 최대의 효과를 발휘할 수 있는 최적의 조건은 바로 나 자신을 있는 그대로 아는 일이다.

이목구비 하나하나가 인형처럼 예쁘다 해도 얼굴형과 이목구비의 비례감이 조화롭지 않으면 전체적으로 아름다운 느낌을 주지 못한다. 얼굴형에도 황금비율이 있다. 기본적으로 세로 비율은 페이스라인~눈썹 앞머리:눈썹 앞머리~코끝:코끝~턱선이 1:1:1의 비율을 가져야 하고, 가로 비율은 눈의 크기의 5배 정도 (미간이 눈 하나 들어갈 공간, 오른쪽과 왼쪽 눈 옆에 눈 하나 들어갈 공간이 남는 정도)를 말한다. 우리나라에서 각 시대별 대표 미인을 꼽으면

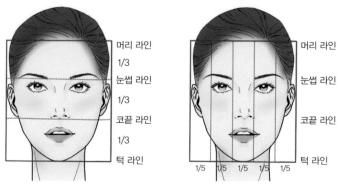

얼굴의 황금비율 가로, 세로

1980년대에는 황신혜, 1990년대에는 김희선, 2000년대에 김태희라고들 하는데, 모두 컴퓨터 미인이라고 불릴 만큼 얼굴의 비율이 황금비율로 유명했다.

얼굴의 비율이 좋으면 전체적으로 조화로운 느낌을 줄 수 있어 하이라이트와 섀딩 메이크업을 잘 활용하면 효과적이다. 우리의 얼굴 이목구비는 생각보다 정확한 대칭을 이루지 못하는 경우가 많다. 눈썹, 눈, 입술의 대칭을 고려하고, 얼굴형에 맞춰 이목구비의 결점을 파악한 후 수정 메이크업을 한다면 내 머릿속 예쁜 예전의 얼굴보다 더 아름다운 얼굴로 거듭날 수 있다.

전신거울을 자주 보고 체형을 파악하자

얼굴에도 황금비율이 있듯이 신체에도 황금비율이 있다. 일명 두신지수라고 하는데, 머리 크기로 신장을 나눠 비율을 측정한다. 사람마다 키와 얼굴 크기가 다르지만, 일반적으로 7~8등신 정도면 매우 비율이 좋다고 본다. 요즘 젊은이들 중에는 키가 크고 얼굴이 작은 사람들도 많아, 학생들과 체형 분석 수업을 하다 보면 9등신 이상으로 분석되는 경우도 종종 보게 된다. 대부분의 여성은 키가 큰 남성에게 주로 호감을 갖고, 대부분의 남성은 날씬한 여성에게 호감을 갖는다. 하지만 단순히 신장이나 몸무게의 수치보다는 신체적 비율의 조화와 부조화가 훨씬 중요하다.

체형을 구분할 때도 신체적 비율과 형태에 따라 유형을 나누는데, 체형별 스타일링은 가장 기초적이면서도 가장 중요한 패션 스타일링 방법이다. 우리나라의 대표적인 체형 유형은 표준형, 삼각형, 역삼각형, 직사각형, 모래시계형, 라운드형으로 구분할 수 있다. 나는 박사논문인 〈면접 이미지메이킹을 위한 사이버 셀프 패션 코디네이션 시스템의 활용 연구〉에서 직접 체형별 마네킹을 개발하고 체형별 연구를 진행했는데, 코디네이션을 위한 연구에 가장 중요한 변화 요소가 바로 체형이기 때문이다. 체형에 따라 스타일링하는 방법은 패션 아이템(스커트부터 팬츠, 블라우스, 재킷, 귀걸이, 구두 같은 액세서리 소품까지 포함), 소재, 컬러 등을 활용하여 다양하게 표현할 수 있지만 가장 기본적인 팁은 다음과 같다.

첫째, 작은 부분은 크게 보이게, 비대한 부분은 작아 보이게

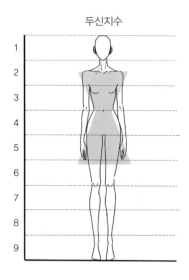

두신지수

반대로 표현한다. 둘째, 장점인 부분은 부각되게 하고, 단점인
부분은 시선에서 멀리 둔다. 이렇게 하기 위해서는 각자 자신의
체형 유형과 장단점을 파악하는 것이 선행되어야 한다. 생각보
다 체형의 장단점을 파악하는 것은 어렵지 않다. 자주 전신거울
을 통해 자기 몸을 직접 살펴보면서 파악하면 된다.

트렌드보다 나에게 맞는 패션을
스스로 얼굴형과 체형의 유형을 알고 장단점을 알게 되면, 스
타일링을 통한 가시적인 변화를 느낄 수 있어 패션 스타일링이
더욱 흥미로워진다. 본인의 얼굴형과 체형의 장단점에 맞춘 스

타일링을 통해 가시적인 변화를 추구해보자. 만약 체형이 역삼각형이라면 상의를 어두운 컬러나 장식이 없는 것으로 선택하고, 하의에는 부피감을 줄 수 있는 플리츠 스커트(주름 치마), 가로 문양을 활용해보자. 자기 체형에 맞는 스타일링을 하다 보면 멋지게 변화되는 나의 모습에 자신감도 뿜뿜 차오르고 주위에서 긍정적 반응도 얻게 되니, 더욱 스타일링에 욕심이 생기게 마련이다.

소심했던 스타일 표현도 어느새 점점 과감해지고, 다양한 스타일링을 위한 시도도 어려움 없이 시작하게 된다. 그러나 여기서 주의해야 한다. 이런 식으로 자신감이 커지다 보면 최신 트렌드를 찾아 트렌드세터가 되고 싶은 마음이 커져, 자칫 최신 트렌드만 쫓아다니는 '트렌드 꼬붕이'가 될 수 있기 때문이다. 헤어 스타일부터 신발까지, 그야말로 머리끝부터 발끝까지 정말 최신 유행 아이템은 모두 갖추고 나온 한 청년을 길거리에서 본 적이 있다. 그는 키가 작고 뚱뚱한 체형이었는데 스니커즈에 질질 끌릴 만큼 길고 헐렁한 팬츠와 시스루(See-through) 스웨터를 입어 체형의 결점을 그대로 드러내는 '오 마이 갓!' 스타일링을 선보이고 있었다. 올바른 트렌드세터가 되기 위해서는 최신 트렌드를 파악하기 전에 내 얼굴과 체형을 먼저 파악하고 분석해야 한다. 또 최신 트렌드 중에서도 나에게 맞는 트렌드 요소를 선별할 수 있는 능력이 필요하다.

나에게 어울리는
색은 따로 있다

비타민 같은 색깔 찾기

시간에 쫓겨 대충 적당히 입고 나간 자리에서 뜻밖에 "스타일 좋아졌네. 예뻐졌어요" 하는 인사를 듣는가 하면 반대로 시간과 공을 들여 꾸미고 간 만남에서 "요즘 많이 피곤한가 보네. 어디 아파요?" 하는 말을 들었던 적이 누구나 한 번쯤은 있었을 것이다. 우리가 스타일링에 들인 공과 시간에 비례하지 않는 상대방의 이 같은 반응은 무엇 때문일까? 여러 이유가 있겠지만 나는 그중에서도 대부분은 자신에게 어울리지 않는 의상이나 메이크업 또는 헤어 컬러 때문에 발생한다고 생각한다.

2022년 베이징 동계올림픽에서 활약한 곽윤기 선수의 핑크 컬러가 대중의 관심을 받게 되면서 과거 곽 선수의 여러 사진들이 인터넷에 퍼졌다. 특히 노란색의 패딩 점퍼에 초록색으로 머리를 염색한 사진에는 많은 네티즌들이 "얼굴색이… 병원…", "피부색 무슨 일이에요?"라며 걱정과 염려의 댓글을 달았다. 과거에도 현재도 여전히 생기 있는 곽 선수가 이 사진에서 아파 보였던 이유는 본인에게 어울리지 않는 컬러의 의상과 머리 색을 선택했기 때문이다.

직접 만나 퍼스널 컬러를 확인한 것은 아니지만 방송과 기사에 사용된 사진을 통해 곽 선수의 퍼스널 컬러를 진단컨대 톤 다운된 어두운 컬러일 것이다. 그 컬러가 곽 선수의 얼굴빛을 화사하게 만들어준다. 많은 팬들이 이미 '훈련 흑발', '국대 흑발', '본판 흑발' 등의 이야기를 하며 흑발이 곽 선수의 '본캐'라고 주장하고 있는데, 이런 대중의 눈은 정확했다.

곽윤기 선수의 헤어 컬러

김한준, "곽윤기 '핑크빛 헤어 스타일'", 《엑스포츠뉴스》, 2022. 2. 24.

방진, "'얼굴색이…' 쇼트트랙 곽윤기, 갑자기 네티즌 걱정 샀다", 《엔터》, 2021. 11. 12.

곽 선수는 퍼스널 컬러 계의 살신성인 전도사라고 불릴 만큼, 우리에게 퍼스널 컬러에 관한 중요성과 필요성을 인식하게 만들어주었다.

내가 가진 컬러, 내가 가질 컬러

본인에게 어울리는 컬러를 알고 싶다면 내가 가진 본연의 피부색, 눈동자 색 등을 알아야 하고, 색채의 속성과 특징을 알아야 한다. 그래야만 나와 조화를 이룰 나만의 컬러를 찾을 수 있다.

컬러, 즉 색은 3가지 속성을 지닌다. 빨강, 노랑, 초록, 파랑 등의 색상, 밝음과 어두움을 나타내는 명도, 탁함과 선명함을 구분하는 채도가 그 세 속성이며, 명도와 채도가 섞인 개념이 톤(Tone)이다. 톤은 퍼스널 컬러를 효율적으로 활용하는 특징적인 도구가 된다. 톤을 구별할 수 있는 기준 방식은 크게 2가지인데 하나는 일본 색채연구소가 발표한 표색계인 PCCS(Practical Color Coordination System)이고 또 하나는 IRI(Image Research Institution)에서 산업자원부 산업기반기술개발사업의 일환으로 개발한 HUE&TONE 120이다. HUE&TONE 120을 기준으로 살펴보면 가장 선명한 비비드(Vivid)톤, 선명한 스트롱(Strong)톤, 밝고 부드러운 브라이트(Bright)톤, 깨끗하고 가벼운 페일(Pale)톤, 매우 연한 베리 페일(Very Pale)톤, 부드럽고 차분한 라이트(Light)톤, 차분하고 평온한 덜(Dull)톤, 깊고 진한 딥(Deep)톤, 어둡고 무거운 다크(Dark)톤, 안개 낀 듯 흐릿한 라이트 그레이시(Light Grayish)톤, 지적이고 침착한 그레이시(Grayish)톤으로 구분된다. 이렇게 열한 가지 톤에 따른 120개 컬러의 특징으로 패션 이미지를 구분할 수 있으며, 개인의 이미지에 어울리는 퍼스널 컬러에도 활용할 수 있다.

　퍼스털 컬러를 알려면 자신의 피부, 눈동자, 헤어 컬러와 가장 어울리는 컬러가 무엇인지 아는 게 중요하다. 그 컬러가 바로 자신의 퍼스널 컬러이고, 앞으로 내가 가져야 할 컬러이다.

110개의 유채색과 10개의 무채색으로 이루어진 I.R.I. Hue & Tone 120 System

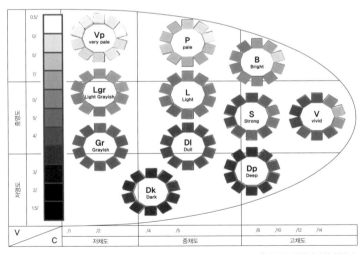

출처: IRI 색채디자인 연구소

퍼스널 컬러 프로세스, 이해하고 진단하기

퍼스널 컬러를 찾을 때는 먼저 크게 4계절 컬러로 구분한 후 앞에서 이야기한 톤을 활용하여 자신에게 어울리는 톤과 컬러를 찾는다.

이러한 퍼스널 컬러의 역사는 요하네스 이튼(Johannes Itten)이 최초로 이론화하고 체계화하였으며, 이후 1928년 로버트 도어 (Robert Dorr)가 저서 《색채조화론》을 통해서 따뜻한 색의 웜톤과 차가운 색의 쿨(Cool)톤을 구분하는 것으로 이어졌다. 1975년 이후에는 미국에서 사계절 컬러 팔레트 이론으로 보다 체계화되기 시작하였고, 본격적으로 1987년 캐럴 잭슨(Carole Jackson)이 출간한 《컬러 미 뷰티풀(Color Me Beautiful)》이 베스트셀러가 되면서 대중적으로 활용되기 시작했다.

국내에서는 1990년대 후반부터 퍼스널 컬러 이론이 소개되었는데, 나도 외국 전문가를 초빙한 국내 학회와 협회 등을 통해 접하게 되었다. 이후 심도 있는 연구를 위해 일본의 여러 센터를 방문하기도 하고, 미국의 메이크업 학회에 참여하기도 하면서 지속적인 학습과 연구를 하였고, 실무에도 적용했다.

퍼스널 컬러 프로세스를 단계적으로 살펴보면 먼저 얼굴, 손, 손목, 귀 뒤쪽 등의 컬러와 눈동자, 헤어 컬러를 진단한다. 둘째는 드레이핑 원단을 이용하는데, 개인의 신체 컬러를 웜톤과 쿨톤으로 구분하는 방법으로 실버와 골드의 원단을 손이나 얼굴색에 대보아, 어느 쪽이 어울리는지 살펴보는 것이다. 골드가 어울리면 웜톤, 실버가 어울리면 쿨톤일 확률이 크다.

예를 들어 우리가 귀걸이, 반지, 팔찌 등을 착용했을 때 유독 골드가 촌스럽고 화이트 골드나 실버 재질이 더 어울린다면 피부 컬러가 쿨톤이기 때문이고, 반대로 노란 순금 제품의 액세서리와 골드 컬러 의상이 잘 어울린다면 웜톤이다. 웜톤을 따뜻한 느낌의 옐로우 베이스, 쿨톤은 차가운 느낌의 블루 베이스라고도 한다.

다음으로 봄, 여름, 가을, 겨울의 4계절 컬러로 구분된 드레이핑 원단을 두 번째 방법과 동일하게 대어봄으로써 본인이 어느 계절의 컬러가 어울리는지 파악한다. 웜톤은 봄 컬러와 가을 컬러로, 쿨톤은 여름과 겨울 컬러로 나누어져 사계절로 구분된다.

봄 컬러인 경우 HUE&TONE 120에서 브라이트톤, 라이트톤, 스트롱톤, 여름 컬러는 비비드톤, 스트롱톤, 페일톤, 베리 페일톤이 잘 어울린다. 가을 컬러는 덜톤, 딥톤, 다크톤, 라이트 그레이시톤이, 겨울 컬러는 비비드톤, 스트롱톤, 베리 페일톤, 그레이시톤이 조화롭다.

피부색과 조화로운 컬러가 드레이핑될 경우 얼굴이 화사하고 빛나 보이며 이목구비가 뚜렷하게 보이는 특징이 있다. 반대로 부조화스러운 컬러의 경우에는 얼굴이 창백해 보이거나 칙칙하고 아파 보이게 된다. 이렇게 색채의 조화와 부조화의 원리를 토대로 모든 컬러를 사계절 유형으로 구분하여 제시하는 것이 퍼스널 컬러 시스템이다. 얼굴이 화사하게 보이는 조화로운 컬러를 찾아 라이프스타일, 체형, 얼굴형 등을 고려한 최종적인 퍼스널 컬러를 선정하는 것이다.

퍼스널 컬러의 이해와 진단을 통해 선정된 색은 스타일링을 위한 의상 및 액세서리, 메이크업 컬러 등으로 활용하면 된다.

어울리는 컬러만 알아도 절반은 성공이다

우리는 퍼스널 컬러를 통해 스스로에게 어울리는 컬러를 파악할 수 있고, 완벽한 스타일링을 위한 첫 스텝을 디딜 수 있다. 하지만 아무리 완벽히 선정된 퍼스널 컬러라고 해도 모든 아이템을 그 한 가지 색으로 통일하거나, 반대로 너무 다양한 컬러를 한 번에 사용하는 것은 옳지 않다.

한 가지로 통일시킨 컬러는 밋밋하고 지루한 느낌을 줄 수 있으며, 반대로 본인에게 어울리는 개별 컬러라 할지라도 다양한 컬러 사용은 배색에서 충돌이 생길 수 있으므로, 너무 많은 컬러를 계획 없이 나열하듯 활용하지 말아야 한다.

퍼스널 컬러의 진단과 활용은 1차적으로 얼굴의 이목구비와 얼굴색에 긍정적 영향을 주고, 개인에게 조화로운 퍼스널 컬러를 활용한 스타일링을 구현할 수 있게 한다. 이를 통해 외적 이미지 변신, 즉 이미지메이킹이 가능하며 내적 이미지인 자신감이 강화되고, 사회생활에 있어서도 성공적인 대인관계 및 비즈니스에 도움을 줄 수 있다. 자신에게 어울리는 컬러를 알게 되는 것이 단순히 하나의 컬러를 찾는 것에서 끝나는 것이 아니라, 결과적으로 자신을 변화시키고 발전시키며, 가치를 높일 수 있는 바탕이 되는 것이다.

립스틱만으로는
부족하다

말하는 시간을 즐겨라

요즘 사회, 문화, 정치 전반에 걸쳐 가장 많이 등장하는 단어를 꼽으라고 하면 '소통'이 아닐까 싶다. 이렇게 중요하게 여겨지는 소통인데 우리의 생활을 되돌아보면 소통의 방식이 예전에 비해 너무 갇혀 있는 것은 아닌지 걱정스럽다.

말하기, 쓰기, 듣기, 읽기의 4가지는 우리가 어릴 때부터 배워온 국어의 교육 목표이자 4대 영역으로서, 그 자체로 중요한 소통의 방법이다. 그런데 정보화 시대의 중심에 살고 있는 우리는 대부분 쓰기와 읽기만으로 소통한다. 전화 통화보다는 메신저 프로그램으로 의견을 나누고, 업무를 지시하거나 문의할 때도 마찬가지다. 입을 열어 소리를 내어 소통하고 해결하는 것이 아니라 '탁탁탁' 타이핑하여 문자로 주고받는다. 한 지붕 아래 같이 있는 가족끼리도 방문을 열지 않고 메신저나 문자로 소통하고 있으니, 가끔은 답답하고 우울한 생각마저 든다. 이렇게 많은 소통을 하지만 목소리를 내지 않고 이루어지는 대화로는 가슴이 뻥 뚫리거나 찡하게 느껴지는 완전한 교감을 느끼기 힘들다. 이런 상황이 이 시대에 더욱 소통이 필요하게 된 이유가 아닐까.

물론 간단하고 명쾌하니 신속성이라는 면에서는 좋은 점도 있다. 학생들도 질문이나 감사 인사 등을 이제 전화보다는 거의 메신저나 문자 메시지로 전하고, 나 역시도 메신저나 문자 메시지로 답한다. 정말 바쁠 때는 단축어나 이모티콘 하나로 답을 대신하기도 한다. 그렇다 보니 말하는 시간이 적어지고, 간혹 말을 해야 하는 상황이 찾아오면 덜컥 겁이 나고 피하고 싶어진다. 경험치가 적으면 당연히 긴장되고 불편하기 마련이니까.

학기 초가 되면 나는 항상 학생들에게 3분 스피치 시간을 갖게 한다. 신입생은 형용사를 넣어 자기소개를 하고, 재학생들은 방학 동안의 일이나 현재 생각을 표현하도록 하는 것이다. 일반적인 발표와는 성격이 달라 학생들은 싫어하지만, 10년 넘게 지속하고 있는 내 교육법 중 하나다.

어릴 적 나 역시 소심한 성격으로 사람들 앞에서 말하는 것이 너무 무섭고 싫었기에 학생들의 마음을 이해하지만, 말하는 시간을 늘리는 것밖에는 방법이 없다. 말하는 시간이 많아져야 말하는 것이 편해질 수 있고, 말하는 시간을 즐길 수 있어야 시원한 소통이 가능해진다.

목소리에 컬러를 입혀보자

말하는 시간을 많이 갖고 즐기다 보면 다양한 상황에서 말하는 기회를 얻게 된다. 우리가 예쁜 옷을 입고, 예쁜 컬러의 화장품으로 메이크업을 하는 것처럼, 목소리에도 스타일링이 필요하다.

많은 사람이 목소리는 타고나는 것이라고만 생각한다. 물론 타고난 목소리의 좋고 나쁨이 있겠지만, 그 자신만의 기본적인 목소리는 후천적인 연습에 의해 더 멋지게 변화할 수 있다.

어린 시절 나는 패션 디자이너라는 꿈 외에 또 하나의 꿈이 있었는데, 바로 아나운서였다. 그래서 중고생 시절에는 방송반이 되고 싶어 꽤나 노력했다. 중학교 때는 성적이 떨어진다는 담임 선생님과 부모님의 절대 반대에 부딪혀 포기했고, 고등학교 때는 무조건 하리라 다짐하고 시험을 봤는데, 3차 테스트에서 그만 떨어졌다. 속상해서 며칠을 울고불고 했던 그때의 이야기를 하며 친구들이 아직까지도 놀리곤 한다.

그때의 아쉬움 때문인지 나는 전혀 다른 공부와 일을 하면서도 스피치 지도자 자격증을 따고 보이스 트레이닝과 스피치 프레젠테이션 개인 레슨을 받는 등, 펼치지 못했던 열망을 추슬러

왔다. 그리고 이렇게 직접 경험해보면서, 목소리도 학습과 다양한 노력으로 스타일링될 수 있다는 것을 확실하게 알게 되었다.

좋은 목소리는 본인의 타고난 목소리에 신뢰감이나 편안함을 줄 수 있는 울림이 더해져 표현된다. 역시 본인의 목소리 특징을 파악하여 장단점을 분석해야 한다. 타고난 목소리가 거칠다면 윤기를 주기 위해 자극적인 식사를 피하고 적정한 수분을 지속적으로 보충하는 것도 필요하다. 복식호흡을 훈련하여 목에 힘을 주지 않고 목소리에 힘을 가질 수 있게 해야 한다. 정확하게 발음할 수 있도록 입 모양을 정확하고 크게 벌리며 많이 읽는 훈련도 아주 좋다.

목소리에 리듬감을 주는 것도 중요한데, 말의 강약과 고저, 말의 속도 등을 통해 변화를 주는 것이다. 밋밋하게 한 가지 음으로만 전달되는 말은 지루함을 주지만, 리듬감을 가진 목소리는 주의를 집중시킨다. 또 목소리는 그 사람의 전체 이미지에도 영향을 미치는 중요한 요소로 작용하므로, T.P.O.에 따라 패션에서 컬러를 선택하듯이 목소리 역시 때와 장소와 목적에 따라 다른 컬러를 입혀야 한다. 적극적이고 열정적인 이미지를 보여주기 위해서는 말의 속도는 조금 빠르고 목소리는 강하게 내는 것이 좋으며, 이목을 집중시켜야 하는 상황이라면 낮은 톤과 느린 속도의 목소리가 효과적이다. 밝은 분위기 연출을 위해서는 높은 톤의 밝은 목소리, 고급스럽고 품격 있는 연출은 낮은 톤의 전문적인 목소리로 연출한다. 목과 허리를 곧게 편 바른 자세와 편안한 호흡으로 조절하면서 목소리에 어울리는 컬러를 입혀본다면 긴장하면서 나타나는 떨리는 목소리, 기어들어가듯 작은 목소리, 정보력이 떨어지는 빠른 속도 등의 문제점들이 해결되고, 상대방의 귀에서 맴도는 목소리 컬러링으로 거듭날 수 있다.

말투는 보이지 않는 몸짓이다

같은 말인데도 누가 어떻게 말하느냐에 따라 그 느낌이 다를 때가 많다. 말하는 사람에 따라 그 느낌이 달라지는 걸까? 맞다고 할 수도 있고, 아니라고 할 수도 있다. 그 이유는 말하는 방법에 따라 그 느낌이 달라지는데, 말하는 방법은 몸에 밴 몸짓과도 같아서 사람에 따라 다르다고도 볼 수 있기 때문이다. 아무리 부드러운 외모와 매너를 가진 사람이라도 거친 말 몇 마디로 그 사람의 전체 이미지가 변할 수 있다는 것을 잊지 말아야 한다. 말투는 형체는 보이지 않지만 파급력이 대단하기 때문이다.

다양한 사람과 다양한 상황에서의 원활한 소통을 위해서는 윤활유와 같은 작용을 할 수 있는 말투, 즉 화법이 필요하다. 대표적으로 쿠션(Cushion) 화법, 애런슨(Aronson) 화법, 레이어드(Layered) 화법이 있다.

쿠션 화법은 소파나 푹신한 쿠션처럼 "죄송합니다만, 바쁘시겠지만, 힘드시겠지만" 등의 단어로 말을 시작하여 부드럽게 하는 화법이다. 이 화법은 상대방에게 부탁이나 지시, 요청 등 다소 어려운 말을 전달해야 할 때 배려감과 정중함을 표현하는 데 적합하다.

애런슨 화법은 미국의 심리학자 엘리엇 애런슨(Elliot Aronson)에 의해 만들어진 것으로, 부정적 내용을 먼저 말하고 이어서 긍정적 내용을 함께 말하는 방법이다. 예를 들자면 "네, 아직은 부족합니다. 하지만 발전 가능성이 높습니다"와 같이 부정적인 것에 대한 인정과 긍정적 내용이 함께 전달되면서 긍정적 내용이 강조되는 효과를 얻을 수 있다.

마지막으로 레이어드 화법은 "전달하세요"와 같은 명령조의 말을 "전달해주시겠습니까?" 또는 "전달해주실 수 있나요?"와 같은 질문 형태로 바꾸어 말하는 방법이다.

누구나 지시나 명령조의 말에는 호감보다 불쾌감을 느끼게 마련이다. 몸에 밴 부드럽고 자연스러운 몸짓처럼 이러한 윤활유 말투를 습관화한다면 소통이 훨씬 더 부드러워질 것이다.

입과 눈, 귀는 늘 함께 움직여야 한다

우리가 말을 할 때 잊지 말아야 할 소통의 원칙이 하나 있다. 그것은 소통하는 구성원이 모두 함께해야 한다는 것이다.

의사소통이라는 의미를 가진 커뮤니케이션(Communication)의 어원을 살펴보면 '공통되는(Common)', '공유하다(Share)'라는 뜻을 지닌 라틴어 '커뮤니스(Communis)'에서 유래했다. 즉 소통의 참된 의미는 바로 다른 사람과 함께하는 것이라는 사실을 보여준다.

다른 사람과 함께하려면 본인이든 상대방이든 일방적으로 대화가 이루어지면 안 된다. 일방적인 대화는 그저 혼잣말에 불과하다. 상대방이 말을 할 때는 귀를 열고 눈을 마주하며 경청하는 등, 상대방을 위한 배려가 필요하다. 고개를 끄덕거리거나 적당한 동조 등으로 상대방의 이야기를 잘 듣고 있다는 표현을 한다면 더욱 좋은 소통의 자세일 것이다.

본인이 말을 할 때도 마찬가지이다. 딴 곳을 본다거나 다른 행동을 하면서 하는 이야기는 상대방에게 공감을 얻기 어렵다. 상대방의 눈썹과 입을 역삼각형으로 연결한 중심 위치를 부드럽게 바라보는 것이 좋으며, 상대방 말의 흐름에 속도를 맞추어 서로의 이야기를 이어간다면 올바른 소통으로 원하는 결과를 얻을 수 있다.

만약 상대방과 일대일이 아니라 다수의 사람들이나 그룹과 단체로 소통하는 경우에는 경청 시에 말하는 사람을 쳐다봐주는 것이 좋으며, 옆에 있는 사람과 다른 이야기를 나누거나 화자의 말에 반대의 의견이나 질문 등으로 말을 중간에 끊지 않도록 해야 한다.

본인이 말할 때는 한 사람만 정해서 보거나 긴장감으로 인해 멀리 다른 곳을 응시하는 행동을 해서는 안 된다. 여러 사람을 천천히 둘러보며 이야기하는 것이 좋은데, 너무 빨리 움직이면 부산스러워 보이고, 반대로 너무 한 사람에게 오래 시선이 머무르면 눈을 맞춘 사람은 부담스러움을 느끼고 그 외의 사람은 소외감을 느낄 수 있어 주의해야 한다. 일반적으로 한 문장을 말할 때 한 사람을 바라보는 속도가 가장 안정적인 느낌을 준다.

이렇듯 원활한 소통을 위해서는 입과 눈, 눈과 귀가 함께 호흡하며 움직여야 한다는 것을 꼭 기억하자.

반짝이는 입과 눈에서 나오는 석세스 스피치

아름답게 컬러를 입힌 목소리와 호감형 말투로 입과 눈, 눈과 귀가 호흡을 맞추며 완벽한 스피치 스타일링을 구현했다 해도 그 핵심인 내용에 진심이 들어 있지 않다면 아무 의미가 없다. 진심은 마음을 움직이는 소리이기 때문에 머릿속에 스피치 계획을 철저하게 잡았다 하더라도 마음에서 우러난 진심이 담기지 않았다면 화려한 화술도 부자연스럽기 마련이다. 마치 보기에는 화려하고 멋지지만 불편한 남의 옷을 입었을 때의 부자연스러움과 같다.

마음에서 우러난 말이야말로 내가 가지고 있는 생각이고 가치이다. 그것이 빠진 말로는 진정한 교감을 나누기 어려울 뿐만 아니라 지속적인 소통도 불가능하다.

그러므로 진심을 담고, 주어진 상황을 잘 파악하여 여러 번 깊이 생각한 후 스타일링으로 완성한 석세스(Success) 스피치가 필요하다. 진정성을 갖는 가치를 정확하고 아름답게 스타일링한 말로 표현할 때, 그 사람에게서는 어떤 보석과도 비교할 수 없는 엄청난 광채가 뿜어져 나올 것이다. 또 자신의 브랜드 창출을 위해서는 이러한 성공적인 스피치를 위한 공부와 훈련이 이제 필수적인 요소가 되었다고 할 수 있다.

몸에 밴
향기로움

개성인가? 민폐인가?

2000년대에 들어서면서 사람들의 개성화로 인한 다양화(多樣化), 다원화(多元化)라는 단어가 사회·문화적으로 많이 사용되고 있다. 패션에서도 조금 독특한 형태나 코디네이션법을 일반적으로 개성적 표현이라고들 말한다.

개성의 한자를 살펴보면 '낱개 개(個), 성품 성(性)' 자로, 개인의 타고난 특유의 성격이라는 의미를 가지고 있다. 영어로는 '퍼스널리티(Personality)'라고 하며 다른 사람과 구별되는 자신만의 특징으로 사람들에게 나를 임팩트 있게 기억시킬 수 있는 요소가 된다. 하지만 요즘 사회적 기준에 벗어나는 사람들의 행동과 표현을 그저 "개성이 강하다"라는 말로 치부해버리는 건 아닌지

돌이켜볼 필요가 있다. 나라마다 통용되는 사회적 기준과 문화적 양식이 있다. 개성은 그 선을 넘지 않는 정도에서 발휘해야 한다. 만약 나의 행동과 스타일링 표현에 대다수의 사람이 공감하지 못하고 눈살을 찌푸린다면, 그것은 개성이라기보다 민폐일 확률이 높다. 예를 들어 함께하는 회의 자리에서 삐딱하게 앉아 다리를 덜덜덜 떨고 있다면, 그 행동이 본인은 편안하고 자유로운 본인의 스타일이라고 할지 모르겠지만, 개성이 될 수는 없다. 그저 민폐일 따름이다.

인사는 선택이 아닌 필수 사항이다

아파트 엘리베이터 게시판 등에서 "이웃에게 인사를 건넵시다"라는 글귀를 많이 보았을 것이다. 그것을 보고 "왜 인사를 해야 하지?"라고 의문을 가지는 사람은 거의 없을 것이다. 어찌 보면 우리 모두가 하는 것이 좋다는 것을 알고 있는 사항인데도 캠페인 하듯 아파트 광고판이나 게시판에 단골처럼 붙어 있다. 그렇게 수없이 접하는데도 연세가 있는 할머님들이나 유치원생들이 아니면 반갑게 인사를 나누는 경우가 흔치 않은 것 같다. 안 하는 것이 버릇이 되다 보니 먼저 인사를 하는 것이 쑥스럽게 느껴져서일까?

요즘은 학교에서도 그렇다. 학생들이 달려오며 반갑게 인사하는 경우는 점점 드물어진다. 저 멀리서 항공관광과 여학생들이 유니폼을 입고 지나가다 '솔' 음의 상냥한 목소리로 인사를 해주면 누구인지도 모르는 그 아이들의 기계적인 인사가 너무 고맙다. 그렇게 쑥스러움을 뒤로하고 인사하는 학생들의 모습을 보면 우리 학생들 모두, 아니 우리 국민 모두가 인사 교육을 제대로 다시 받아 누구나 함께 인사하는 사회를 만들었으면 좋겠다는 생각도 든다. 인사의 종류도 크게 3가지로 나눌 수 있다.

고개를 숙이는 각도에 따라 15도, 30도, 45도로 구분할 수 있는데, 15도는 아랫사람이나 동급에게 하는 가벼운 인사로 차를 접대할 때 하는 목례이다. 30도는 보통례로 가장 일반적인 인사이며 웃어른이나 상사를 만났을 때, 45도는 정중례로 감사를 전하거나 사과하는 상황에 어울리는 인사법이다.

인사는 선택이 아니다. 같은 공간에서 마주하는 사람들에게라면 눈인사든 간단한 목례든 깊이 숙이는 정중례든 상황에 맞추어 언제나 해야 하는 필수적인 것이다. 돈이 드는 것도 아니고힘이 드는 것도 아니다. 단지 몸에 배도록 시간을 투자하면 된다. 지금부터 당장 시작하자. 몸에 배는 순간 사회생활에 변화가생길 것이다.

담배가 그리 좋으면 너 혼자 피우럼!

대학생들의 수업 시간은 1학점당 1시간으로, 대부분 3학점짜리 전공과목이 많다 보니 수업도 3시간 정도 이루어진다. 1시간당 10분 정도의 휴식 시간이 있긴 하지만 우리 학과 같은 경우는 스타일링을 위한 실습과목이 많아서, 휴식 시간 없이 이어서 진행되는 경우가 허다하다. 그래서 일부 학생들이 중간에 힘든 내색을 할 때가 있는데, 정확한 이유는 다름 아닌 니코틴 부족때문이다.

요즘은 나이와 성별에 상관없이 참 담배를 많이 피운다. 학생들에게 "건강에 안 좋으니 좀 줄여라"라고 잔소리도 자주 하지만 그보다 더 많이 하는 잔소리는 바로 "담배 냄새 좀 처리하고 들어와!"이다. 담배를 피우는 사람들은 모두 반드시 후처리가 더 중요하다는 것을 알아야 한다. 담배 냄새를 손과 입에 가득 안고 공동생활을 한다는 것은 '우리 담배 같이 피우자'라는 것이나 다를 바 없다. 담배를 피우는 사람들은 본인에게 나는 냄새가 얼마나 역한지 모른다.

다른 사람과 함께 활동하기 위해서는 비누로 손을 깨끗이 닦아 손에 밴 담배 냄새를 없애고 껌이나 가글이라도 하는 최소한의 매너를 지켜야 할 것이다. 향수를 뿌리거나 향이 좋은 핸드로션을 바르는 것도 좋다. 처음에는 번거롭겠지만 습관이 되면 담배 피우고 나서 자동으로 하게 되는 당연한 절차가 될 것이다.

매너가 몸에 배면 향수보다 더 향기롭다

인사도 담배 예절도 그리 힘든 일이 아닌데 우리에게 어색함과 어려움을 주는 이유는 몸에 배지 않아 익숙하지 않기 때문이다. 몸에 밸 때까지는 눈치를 보다가 인사할 순간을 놓치기도 할 것이고, 답인사를 받지 못해 뻘쭘한 상황도 발생할 것이다. 또 담배 냄새를 상상하며 손 씻기나 가글로 입을 헹구는 귀찮음도 한참은 감수해야 할 것이다. 하지만 이렇게 간단하지만 막상 하려면 간단치 않은 행동이나 절차가 바로 매너이다.

매너의 어원은 라틴어의 '매누어리어스(Manuarius)'로 손, 습관, 행동의 '매누스(Manus)'와 방식, 방법의 '아리우스(Arius)'가 합쳐진 복합어이다. 이것만 보더라도 매너는 몸에 배도록 습관화하는 것이 얼마나 중요한 의미를 갖는지 알 수 있다. 매너가 내 몸에 자연스러운 습관으로 밴다면 내 몸에서는 당연히 좋은 향기가 날 것이고, 그 좋은 향기는 사람들에게 깊이 기억될 것이다.

5장 ●

휴먼 스타일링
기획 제안 7가지

드림 플랜을 설정하고
실행 요소를 체크하자

나를 위한 드림 플래너가 되어보자

요즘에는 예비 신랑 신부들이 웨딩플래너의 도움을 받아 결혼을 준비하는 것이 일반화되었다. 웨딩플래너는 웨딩을 위한 준비과정을 효율성 있게 정리하고 신랑과 신부에게 어울리는 식장부터 웨딩드레스 숍, 헤어·메이크업 숍, 포토 스튜디오를 포함한 웨딩 관련 업체를 매칭해주는 일을 한다.

10여 년 전 결혼을 한 나도 웨딩플래너의 도움을 받아 결혼식을 준비하면서 시간적으로나 정신적으로나 효율적이라는 생각을 했다. 이미 스타일리스트 활동을 하면서 알게 된 유명한 웨딩 디자이너, 헤어·메이크업 아티스트, 포토그래퍼 지인들이 있었지만, 그때 웨딩플래너가 없었다면 고민과 실수로 허비하는 시간이 훨씬 많았을 것이라는 생각이 든다.

결혼식은 인생에서 매우 중대하고 큰 이벤트이지만, 사실 예식 자체만으로 놓고 보면 길어야 두세 달 준비하는 과정에 불과하다. 하지만 '결혼'이라는 내재적 가치로 들어가 생각해보면 이야기가 달라진다. 우리 인생에서 결혼이라는 가치 향상을 위해 준비하는 과정을 대략적으로만 계산해보더라도 물리적인 준비 시간이 100배 이상은 더 걸릴 것이기 때문이다.

인생을 살아가면서 이렇게 준비에 헛된 시간을 소비하지 않으려면 무엇이 필요하고 무엇을 준비해야 할까? 나는 정확한 꿈과 목표를 설정하고 이를 성취할 수 있는 구체적인 플랜, 즉 '드림 플랜'을 세우라고 강조하고 싶다.

드림 플랜을 제대로 세우기 위해서는 자신이 원하고자 하는 목표와 장단점, 본인의 특성을 파악하여 필요한 것들, 부족한 것들 등을 체크하는 일이 선행되어야 한다. 한마디로 스마트한 플랜 설계가 필요하다. 이때는 전문가의 도움을 받아 계획을 세울 수도 있겠지만, 사실 본인은 본인이 가장 잘 안다. 내가 나의 가장 좋은 드림 플래너이다. 자기가 좋아하는 것, 자신에게 부족한 것, 본인이 남보다 잘하는 것 등을 중심으로 계획하면 실패 확률도 줄이고, 자신만의 꿈에 한 발자국 더 가까이 다가갈 수 있다.

드림 플랜을 위한 퍼스널 좌표 만드는 2가지 방법

드림 플래너로서 올바른 플랜 기획을 위해서는 우선 대상에 관해 파악해야 한다. 웨딩플래너는 웨딩플랜 기획 전에 신랑 신부와 만나 그들의 성향이나 특징, 이미지 등을 파악한다. 겉으로 보이는 외적 이미지와 여러 번의 상담을 통한 내적 이미지를 분석하여 매칭할 분야별 브랜드를 선정하는 것이다. 휴먼 스타일링을 위한 드림 플랜도 마찬가지다. 본인의 외적 이미지와 내적 이미지를 제대로, 정확히 분석해야 한다. 이를 위해서는 다음의 단계를 밟아야 한다.

첫째, 내가 생각하는 나의 모습과 남에게 보이는 나의 모습을 분석한다. 이것은 SD 방법(Semantic Differential Method)을 활용하면 좋다. 《색채용어사전》(박연선, 예림, 2007)에 따르면 SD법은 1959년 미국의 심리학자 찰스 오스굿(Charles Egerton Osgood)이 고안한 것으로, 개념의 의미 내용을 분석하는 방법이다. 이를테면 '크다－작다', '좋다－나쁘다', '빠르다－느리다'와 같이 상반되는 의미의 형용어를 짝지어 그것에 관한 '평정(評定, 평가하여 결정하는 것)' 척도를 체크하는 것이다. 이렇게 여러 이미지 형용어를 평가하여(일반적으로 5점 척도를 사용한다) 선으로 연결하면 대략적인 프로필(Profile)이 형성된다. SD 방법을 활용하는 방법은 어렵지 않다. 동일한 이미지의 형용사를 사용한 평가지 2장을 준비하고 1장은 스스로 평가하여 '내가 생각하는 나의 모습'을 평가하고,

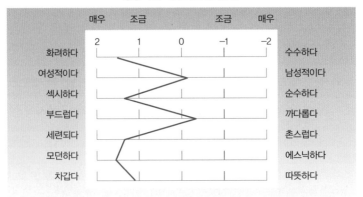

형용어를 기반으로 한 SD법

	매우	조금		조금	매우	
	2	1	0	-1	-2	
화려하다						수수하다
여성적이다						남성적이다
섹시하다						순수하다
부드럽다						까다롭다
세련되다						촌스럽다
모던하다						에스닉하다
차갑다						따뜻하다

* '내가 생각하는 나', '남이 생각하는 나'를 평가해보면 동일한 점이나 차이점을 분석할 수 있다.

나머지 평가지 1장은 다른 사람에게 묻거나 그동안 다른 사람들에게 들었던 내용을 기반으로 '남에게 보이는 나의 모습'을 평가한다. 그런 다음 2장의 평가지를 서로 비교해본다. 이러한 평가를 통해 나의 퍼스널 이미지를 파악하기 위한 기초적 퍼스널 좌표를 분석해볼 수 있다.

둘째, 본인의 장점과 단점을 파악해야 한다. 이를 위해서는 SWOT 분석을 사용하는 것이 좋다. SWOT 분석은 미국의 경영컨설턴트인 앨버트 험프리(Albert Humphrey)가 고안한 것으로, 기업의 전략 수립에 있어 내부, 외부 환경을 분석하여 강점(Strength), 약점(Weakness), 기회(Opportunity), 위협(Threat) 요인을 규정하는 기법이다.

SWOT 분석을 사용하면 한눈에 본인의 장단점뿐 아니라 강점, 약점, 부족한 점과 더 필요한 점 등을 파악할 수 있다. 외부로부터의 기회는 최대화하고, 위험은 피하는 기업의 경영 전략 수립 방법처럼 자신이 가지고 있는 강점은 최대화하고, 약점은 최소화해서 보완하는 방법으로 나 자신을 분석하면 본인의 내적 이미지의 퍼스널 좌표를 완성할 수 있다. 이러한 정확한 분석에 따른 퍼스널 좌표를 기본으로 내가 원하는 드림 플랜을 성공시킬 수 있도록 실행 요소 및 방법을 정립할 수 있다.

제20대 대통령 후보의 SWOT 예시

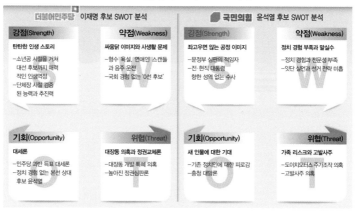

*본인의 SWOT 분석을 통해 강점과 약점을 분석할 수 있다.
출처 : 민경석, "더불어민주당 이재명 · 국민의힘 윤석열 후보 'SWOT' 분석… 李 '인생 스토리 · 이슈 선점'-尹 '공정 이미지 · 친화력' 강점", 《영남일보》, 2021. 11. 8.

체크리스트를 이용하여 실행한다

드림 플랜을 위한 본인의 퍼스널 좌표를 완성했다면 다음은 실행에 들어갈 차례이다. 휴먼 스타일링에 관한 실행은 목표에 따른 실행 요소별 특징 파악부터 시작된다. 즉 패션에서도 네크라인, 소매 등의 디테일과 실루엣, 컬러, 소재, 문양 등 구체적으로 나누어 파악하고, 패션과 어울리는 헤어와 메이크업, 구두, 가방, 모자, 스카프 등의 소품과 귀걸이, 목걸이 등 장신구를 포함한 액세서리 그리고 말하는 방법, 태도, 목소리, 매너 등 스타일링 요소로 구분하면 된다.

실행에도 프로세스가 필요한데, 우선 상황에 따른 목표와 꿈을 결정한 후 알맞은 콘셉트를 설정한다. 상황은 앞 장에서 여러 차례 언급한 대로 T.P.O.를 기준으로 결정한다. 이에 따른 콘셉트는 상황에 어울리거나 또는 그 상황 속에서 남들에게 인식되고 싶은 이미지로 생각하면 된다.

다음은 콘셉트에 맞는 필요한 패션 아이템(팬츠, 재킷, 스커트 등)을 체크리스트에 기입한다. 그다음 패션 아이템의 디테일적인 모든 요소(네크라인, 소매, 칼라 등)를 기입하고, 같은 방식으로 어울리는 조화되는 컬러, 문양, 소재, 액세서리 등을 적는다. 마지막으로 옆 칸에 직접 보유하고 있는 아이템인지 아닌지를 O와 X로 표시하면 된다. 이렇게 하면 필요한 패션 아이템이 무엇인지, 내가 보유하고 있는 아이템인지가 한눈에 파악되며, 이를 통해 아이템 구입 시에도 활용할 수 있을 뿐만 아니라 아이템 간의 코디네이션도 매칭하기에 편리하다. 패션 아이템이 정리되었다면 다음은 헤어와 메이크업 뷰티 스타일링으로 넘어가자. 마찬가지로 콘셉트에 맞는 어울리는 헤어 스타일과 메이크업 스타일을 체크리스트에 적어본다. 헤어와 메이크업의 경우, 설명하기에 어려움이 따를 수 있으므로 인터넷 이미지 사진 등을 캡처하여 리스트에 첨부해보는 것도 좋다.

필요 리스트가 완성되었다면 옆 칸에 스스로 시술할 수 있는지 여부를 O와 X로 표시한다. 이후 최대한 시술이 가능한 헤어와 메이크업으로 연출하되 아주 중요한 자리에 참석해야 하는데 셀프 시술이 불가능하다면 뷰티숍 전문가들에게 맡기면 되니 걱정하지 않아도 된다. 단, 현실적으로 연예인처럼 매일 뷰티숍을 이용하기는 어려우므로 다양한 영상자료 등을 통해 테크닉을 익혀보는 것도 좋은 방법이다.

마지막으로 화법, 목소리, 태도 등에 관한 부분도 패션·뷰티 요소와 같은 방법으로 스타일링에 필요한 부분을 리스트에 기입하고 나의 현재 모습과 같다면 O, 다르다면 X 표시를 한 후 지속적인 연습을 통해 개선해나간다. 각각의 스타일링 요소가 목표로 잡은 드림 콘셉트에 완벽하게 일치한다 해도, 함께 스타일링했을 때 조화가 잘 이루어지는지도 살펴봐야 한다.

넘치면 부족함만 못하다

'과유불급'이라는 사자성어처럼 넘치면 부족한 것만 못하다. 예를 들어 부드럽고 사랑스러우며 로맨틱한 이미지로 콘셉트를 잡았다고 하자. 러블리한 공주 풍의 핑크 레이스 원피스에 핑크 구두, 리본 장식이 달린 스타킹, 의상 컬러에 맞추어 핑크로 표현한 아이섀도와 립 컬러, 리본 장식의 헤어핀 등 각각의 아이템을 모두 공주풍으로만 전체를 스타일링 했다면, 화법이나 태도는 볼 필요도 없이 만화 속 공주처럼 오히려 촌스럽거나 우스꽝스럽게 평가될 확률이 높다. 따라서 스타일링 요소 간의 조화가 어떤지 전체적으로 다시 확인하는 리체크(Re-check)가 꼭 필요하다.

체크리스트를 사용하여 체크하는 단계가 필요한 스타일링 요소와 나의 아이템, 기술적 소유 정도를 파악하는 것이라면, 리체크 단계는 완벽한 휴먼 스타일링을 위한 마무리 매칭 단계라고 생각할 수 있다. 체크와 리체크를 통해 지속적으로 노력하면서 점차 스스로 본인에게 어울리는 휴먼 스타일링을 알아가게 되는 것이다. 학생들이 공부할 때 자기주도식 학습이 가장 중요한 것처럼, 휴먼 스타일링에서도 자기주도식 평가와 연습이 꾸준히 이루어져야 가장 멋있는 스타일링을 완성할 수 있다는 점을 가슴에 새기자.

꿈은 꼭 이루어진다

다각도로 퍼스널 좌표를 통해 자신을 파악하고, 체크와 리체크를 지속적으로 실행하는 일은 꽤 고생스러운 작업이다. 하다가 귀찮고, 짜증 나고, 급기야는 포기하고 싶은 경우가 허다할 것이다. 특히 처음에는 한 번도 해본 적 없는 이러한 일련의 과정을 통해 얼마나 변화할 수 있을지 신뢰마저 없는 시기이기 때문에, 본인의 노력과 시간을 할애하려면 굳게 먹은 마음과 성실성이 필요하다. 하지만 스타일 변화가 한눈에 보이거나 나를 보는 사람들의 반응들이 달라지기 시작하면 점차 가속도가 붙게 된다. 드림 플랜을 통한 스타일 변화로 꿈처럼 생각하던 것들이 실현되는 것을 맛보게 되고, 그다음은 스타일링을 통한 사회적 존재로서의 인생 목표, 그 꿈을 이루게 되는 것이다. 그야말로 '드림 컴 트루(Dream Come True)'이다.

나를 낱낱이
파헤치자

보고, 보고, 또 보자

내가 28년 전 코디네이트 학원에서 들었던 선생님의 말씀 중, 지금까지도 기억에 남아 늘 제자들에게 강조하는 것이 있다. 바로 사람들의 얼굴을 그리고 체형을 많이 보면, 메이크업과 코디네이션을 잘할 수 있다는 것이다. 그 시절 모범생 중 모범생이었던 나는 지하철에서 마주 앉은 사람들의 얼굴을 뚫어지게 쳐다보며 비교해보고, 통유리창이 있는 카페에 몇 시간이고 혼자 앉아 지나가는 사람들의 옷차림과 체형을 보고 또 보는 연습을 했다. 그렇게 어느 정도 시간이 흐르고 나니 잠깐 스치듯 사람을 보아도 대략적인 얼굴형과 이목구비의 특징, 체형 등을 파악할 수 있게 되었다. 직접 경험해봤으며, 스타일링 공부에도 무척 도움이 되는 아주 좋은 방법이었기에 이후 학원 강의, 개인 지도, 특강, 대학 전공 강의에 이르기까지 학생들에게 꼭 전해주는 팁 중 하나이다. 이 방법은 자신을 스타일링할 때도 가장 좋은 방법이 된다. 스스로를 보고 또 보면서 자신을 파악해야 한다.

일반적으로 사람들은 자기 자신을 평가하는 일에는 관대하기 마련이다. 또 자신에 대해서는 이해도 포기도 빠르다. '그냥 이 정도면 괜찮지' 하고 쉽게 만족하기도 하고, '이 옷 디자인이 좀 뚱뚱해 보이네' 하는 생각을 하면서도 그냥 넘길 때도 많다. 또는 '나는 원래 키가 작으니까', '나는 원래 비율이 그다지 별로니까' 하면서 자신에 대한 평가나 분석 시간을 오래 가지지도 않은 채 지나가버린다.

아침에 씻을 때나 메이크업과 헤어를 정리하고 옷을 입을 때 거울을 보는 것만으로는 부족하다. 그것도 조그마한 손거울로 얼굴 일부만 잘라 보거나 화장대 거울로 몸의 반쯤만 보는 것은 제대로 보는 것이 아니다. 멋진 스타일을 꿈꾼다면 스스로를 평가하기 위해 전신거울을 자주 보고, 지나가면서도 건물 유리에 비치는 모습에 잠깐 발걸음을 멈추고 훑어보자. 무엇이 장점이고 무엇이 단점인지 자주 찾아보는 시간과 경험이 쌓이지 않으면 멋진 스타일은 그저 꿈에 불과하다.

옷장 문을 열면 나의 취향이 보인다

예전에 평일 저녁에 방영해서 주부들에게 화제를 모았던 TV 프로그램이 있었다. KBS의 〈리빙쇼 당신의 여섯시〉라는 이름으로 뷰티, 건강, 음식, 인테리어 등을 다뤘고, 주로 스타일링을 어려워하는 주부들의 집으로 직접 찾아가 옷장을 점검하고 옷장 속의 의상으로 스타일링하여 중년 여성의 패션을 변신시켜주는 프로그램이었다. 당시 나는 그 프로그램에 종종 스타일리스트로 참여했다. 주부들의 사연을 받아 스타일링 변신 전과 변신 후의 모습을 통해 주부의 자존감을 높여주고, 스타일링 팁도 전달하는 의미 있는 프로그램이었기에, 출연자들의 집까지 멀리 찾아가야 하고 녹화 시간도 길어서 여러 어려움이 있었지만 흔쾌히 참여했다. 그런데 정작 그 프로그램의 난적(難敵)은 다른 데 있었다. 그것은 바로 출연자들의 옷장에서 나를 기다리던 의상들이었다. 대개의 출연자들이 옷장에 거의 같은 스타일의 옷들만 가득했던 것이다.

스타일링에 어려움을 느끼는 주부들이라 본인의 체형, 얼굴형을 모르는 것은 당연한 일이었다. 그래서 옷장 안의 옷들도 그저 본인이 좋아하는 컬러와 스타일이 비슷비슷한 옷들만이 가득했다. 변신을 하기 위해 필요한 아이템은 거의 없었던 것이다. 결국 여러 차례 피디님에게 건의하여, 의류 매장을 섭외하고 스타일링하는 것으로 변경하여 진행하였던 기억이 떠오른다.

이렇듯 대부분의 사람들이 구입하는 의상이나 패션 아이템은 본인의 취향에 따라 다소 차이는 있겠지만, 공통점을 보인다. 스타일링 변화를 원한다면 옷장 안의 아이템들에도 변화가 필요하다. 나를 제대로 알고, 내게 필요한 것을 파악한 뒤에 해당 아이템을 구매한다면, 이후 스타일링하는 데에도 활용도가 높을 것이다.

가리고 싶은 곳과 보이고 싶은 곳이 있다

누구나 자신의 신체에 가리고 싶은 곳이 한 군데쯤은 있을 것이다. 몸 전체가 자신 있을 것 같은 유명한 모델들도 방송에 나와서 본인들의 신체 결점을 이야기하는 것을 보면, 일반적인 사람들에게 가리고 싶은 곳이 있는 것은 당연하다.

나는 특히 팔뚝 콤플렉스가 있다. 우리 어머니는 날씬한데도 팔뚝이 나와 같은 것을 보면, 이건 무조건 유전이라는 생각이 든다. 어릴 때부터 팔뚝이 신경 쓰였던 나는, 사진을 찍을 때면 모조리 한쪽 팔은 반만 나오게 찍고 나머지 한쪽 팔은 누군가의 뒤로 숨겼다. 결혼식 때도 우람한 팔뚝을 가리기 위해 특별히 신경써서 베일을 골랐다. 그런데도 2부 피로연을 위해 베일을 벗고 파티 드레스를 입고 입장하자 저 멀리서 어릴 적 남자친구 놈이 "아, 저 팔뚝~" 하며 놀리던 소리가 들려왔던 기억이 아직도 선명하게 남아 있다.

누군가에게 내가 가리고 싶은 부분을 들켰을 때 느끼는 창피함, 상실감, 혹시나 남들이 알아챌까 봐 불안하고 조심스러워서 남들을 자꾸 의식하게 되는 조급증 등은 누구나 정도의 차이는 있을지언정 동일하게 느끼는 감정일 것이다. 반대로 자신 있고 예쁜 곳은 남들이 알아봐주길 바라는 마음에 일부러 노출하거나 달라붙게 입는 것도 같은 심리에서이다. 이런 감정들은 절대적이고 상대적인 미와 추의 경계에서 자신감을 넘어 자존감까지 뒤흔든다. 그러나 이 경계에서 흔들리지 않을 수 있는 방법이 있다. 바로 가리고 싶은 곳은 철저하게 가리고, 보이고 싶은 곳은 정확하게 보이도록 하는 것이다. 이것은 스타일링의 기본원리이기도 하다.

성형수술 없이도 예뻐질 수 있다

우리나라의 성형(成形) 기술은 세계적으로도 널리 알려져 있다. 이미 각국에서 성형 여행의 성지로 우리나라를 방문하는 것이 일반화된 지 오래이고, 우리나라에서도 성형수술에 대한 진입장벽이 매우 낮아져 청소년부터 노년에 이르기까지 성형외과를 내과와 같은 일상 병원으로 인식한다. 성형을 바라보는 대중적 인식도 예전의 부정적 시각에서 벗어나, 당사자들이 성형 사실을 스스럼없이 밝히는 것을 쿨한 모습으로 이해할 정도이다.

성형수술의 사전적 의미는 '상해 또는 선천적 기형으로 인한 인체의 변형이나 미관상 보기 흉한 신체의 부분을 외과적으로 교정·회복시키는 수술'이다. 그런데 스타일링도 미관상 보기 흉한 신체의 부분을 시각적으로 교정하는 것이며, 성형수술만큼이나 변신 효과가 크다. 또한 이 둘은 교정 후 자신감과 자존감이 높아지는 긍정적 효과를 발휘한다는 공통점이 있다.

한편으로는 수술 시의 비용, 시간, 고통 등을 비교하면 상대적으로 스타일링의 효과가 더 크다고 볼 수도 있다. 스타일링으로 '큰바위얼굴'을 작은 얼굴로 만들 수는 없지만 주먹만 한 작은 얼굴처럼 보이게 성형 메이크업을 할 수 있고, 키가 작은 숏다리 체형도 롱다리처럼 보이게 할 수 있다. 내 굵은 팔뚝도 소매의 형태 등을 고려하여 날씬하게 보이도록 연출할 수 있다.

메이크업도 많은 것을 가능하게 해준다. 성형수술 없이도 매일, 날마다 자기 자신을 보고 또 보고 연구함으로써 강점과 장점을 살려 점점 스스로가 만족스러워하는 미모에 다가갈 수 있다. 메이크업을 할 때 크고 돌출된 부분은 어둡게, 낮은 코나 이마 등은 밝은 톤으로 입체적 표현을 하면 된다.

의상 역시 뚱뚱하면 어두운 계열의 색을 선택하고 다양한 색으로 조각을 나누어 시선을 분산시키면 좀 더 균형 잡힌 몸매로 보이도록 유도할 수 있다. 목이 짧으면 브이 네크라인과 긴 목걸이를, 종아리가 굵다면 레깅스나 붙는 팬츠는 피하고 일자 형태의 스트레이트 팬츠를 입는 것이 좋다. 또 다양한 디자인의 소품을 활용하여 시선을 분산시키면 비싼 돈과 시간, 아픔을 감내해야 하는 어려운 성형보다도 더 멋진 스타일링을 쉽게 완성할 수 있다.

멋지고 매력적인 스타일링은 나에게서 출발하여 나에게서 끝난다. 이 점만 명심한다면 누구나 '멋짐이 폭발하는' 스타일리스트가 될 수 있을 것이다.

나에게 맞는
옷맵시를 찾자

인형 옷도 인형에 따라 다르다

우리 사회에서도 예전에 비해 어느 정도 양성평등이 안정적으로 자리를 잡아가고 있는 것 같다. 여성이 약자라는 프레임에서 벗어나 여성, 남성을 구분하고 차별하지 않아야 한다는 것이 일반적인 양성평등의 견해로 자리 잡는가 하면, '남자는 하늘색, 여자는 핑크색'이라는 고정관념도 예전보다는 많이 옅어진 게 사실이다. 그러나 아이들의 성향이 사회적 경향과 완전히 맞아떨어지지는 않는 것 같다. 여자아이들이 인형 놀이, 남자아이들이 자동차 놀이를 더 선호하는 것은 변치 않으니 말이다.

나도 인형 놀이를 무척 좋아했다. 외동으로 혼자 자랐기에, 어린 시절에는 인형이 친구이자 동생이고, 또 다른 나이기도 했다. 나는 어릴 때 내성적인 성격이었기에, 부모님은 외롭지 말라는 뜻에서 여러 가지 다양한 인형을 사주셨다. 그런데 각각의 인형마다 옷을 여러 벌씩 사기는 어렵다 보니 부모님은 "인형들 옷은 다른 디자인으로 사서 같이 입히는 게 어떠니?"라고 하셨다. 하지만 라라, 미미, 비비부터 못난이 삼형제 인형까지, 모두 피부색도 얼굴도 몸도 조금씩 다 다른데 한 가지 옷을 돌려 입히자니 어린 내 눈에도 왠지 촌스러워 보였다. 그래서 발상의 전환이 시작되었고, 실행에 옮겼다. 돌려는 입히되 원피스를 잘라 블라우스와 스커트로 만들어 입히고, 티셔츠의 앞을 잘라 카디건처럼 만들어 나만의 다른 형태로 입히기 시작했다.

멀쩡한 옷을 자꾸 못쓰게 버려놓는다며 엄마의 타박을 받았지만 그렇다고 원래 인형 옷 그대로 입히는 것은 용납할 수가 없었다. 인형들마다 특징이 있으니, 그 특징에 맞는 형태와 각기 다른 어울리는 색으로 다양한 인형 옷을 만들어 파는 데는 다 이유가 있었던 것이다.

인형들도 그런데, 사람들은 얼마나 많은 차이점과 특징을 가지고 있을까? 그렇다면 차이점과 특징에 맞는 옷을 골라 입어야 하는 것은 말할 필요도 없이 당연한 일이다.

나의 몸은 어떤 유형?

요즘 MBTI(Myers-Briggs-Type-Indicator)라는 성격유형 검사가 많은 관심을 끌고 있다. 우리 학교에서도 예전부터 적응 검사 중 하나로 신입생들에게 MBTI 검사를 진행하고 있는데 학생들의 성향 분석에 어느 정도는 도움이 된다. 설문 검사 결과 E(외향적 태도)/I(내향적 태도), N(감각적 인식)/S(직관적 인식), F(감각적 판단)/T(사고적 판단), J(판단적 태도)/P(인식적 태도)의 유형으로 구분하여 성격을 분석한다.

성격을 유형화시키는 것처럼 나의 몸도 유형화시킬 수 있다. 유형화된 체형 유형에 따라 어울리는 패션 아이템, 스타일링 방법이 존재한다. 체형 유형은 앞부분에서 언급한 대로 표준형, 삼각형, 역삼각형, 직사각형, 모래시계형, 라운드형으로 구분할 수 있다. 표준형은 이상형이라고도 하는데 어깨, 허리, 엉덩이 폭이 적절하여 비율이 이상적인 체형을 말하는 것으로 체형 스타일링의 기본은 최대한 이상형처럼 보이도록 스타일링하는 것이다.

삼각형 체형은 어깨 폭이 엉덩이 폭보다 좁고 엉덩이나 다리에 살이 많아 전체적인 체형이 삼각형을 이룬다. 이러한 체형은 좁은 어깨를 넓어 보이게 하고 넓은 하체는 축소되게 보이게 하여, 상하체의 균형을 맞추면 된다. 좁은 어깨를 보완하기 위해서는 어깨 부분에 장식이 있거나 각진 형태, 또는 볼륨이 있는 상의를 착용하고, 밝고 선명한 컬러의 상의를 선택하는 것이 좋다.

반대로 하의는 저명도와 어두운 컬러를 선택하면 넓어 보일 수 있다.

역삼각형 체형은 어깨 폭이 넓고 골반 폭이 좁아 전체적으로 삼각형을 뒤집어놓은 형태로, 골반과 허리의 폭이 비슷하여 허리가 길어 보이고 상대적으로 다리는 짧아 보인다. 따라서 넓은 어깨는 좁게, 좁은 골반은 확대되어 보이게 하는 연출법이 필요하다. 예를 들어 레글런 소매(Raglan, 기존의 어깨선과는 달리 목점에서 소매선이 시작되어 전체적으로 자신의 어깨라인을 자연스럽게 보여주는 소매 형태)의 상의나 목 부분이 깊게 파인 V라인, 오벌 네크라인은 어깨의 폭을 좁아 보이게 하며, 광택이 있거나 명도가 높은 밝은 컬러, 무늬가 있는 스커트를 활용하면 좁은 골반을 보완할 수 있다. 허리선에 절개선이 있고 허리부터 엉덩이까지 작은 러플이나 플라운스가 달린 펩플럼(Peplum) 블라우스나 재킷은 좁은 골반으로 허리가 길어 보이는 것을 보완할 수 있으며, 다리도 길어 보이게 한다.

직사각형 체형은 가슴과 엉덩이, 허리 폭의 차이가 작고 허리선이 밋밋하여 전체적으로 각이 진 체형이다. 그래서 부드러운 느낌으로 스타일링하는 것이 좋은데, 프린세스 라인이나 랩드레스 등 허리선을 인공적으로 만들어줄 수 있는 아이템을 활용하면 허리선이 생성되어 날씬하고 부드럽게 보일 수 있다. 하지만 예쁜 허리선을 만들겠다는 욕심에 너무 과한 장식이나 두꺼운

두께의 벨트로 스타일링하면 오히려 역효과가 날 수 있으므로 조심해야 한다.

모래시계형 체형은 가슴과 엉덩이의 볼륨에 비해 허리가 가늘어서 전체적으로 모래시계와 같은 형태이다. 큰 가슴과 큰 엉덩이를 보완하여 전체적인 균형이 잡히도록 해야 한다. 특히 큰 가슴은 체형 전체를 비대하게 보일 수 있으므로 먼저 보완해주는 것이 좋다. 저명도의 컬러로 상의를 연출하면 전체적으로 날씬해 보이며, 가슴 부분에 문양이나 장식은 피해야 한다, 반대로 긴 길이의 목걸이나 스카프를 착용하거나 가슴과 먼 부분에 문양이나 장식을 배치하면 시선이 멀리 분산되어 큰 가슴을 보완할 수 있다.

마지막으로 라운드형은 전체적으로 둥근 형태의 체형으로, 특히 허리와 배 부분이 뚱뚱하고 곡선적이다. 직사각형 체형과는 반대로 체형에 직선적인 느낌을 부여해 전체적으로 길고 슬림해 보이도록 연출해야 한다. 이를 위해 세로 스트라이프를 이용하면 체형이 길어 보이고, 너비도 좁아 전체적으로 날씬해 보일 수 있다. 칼라(Collar)나 네크라인도 둥근 것보다는 직선적 형태를 이용하고, 상·하의를 어두운 컬러로 같은 계열의 배색코디네이션을 통해 결점을 보완시킬 수 있다.

유형별 스타일링이 처음에는 어렵게 느껴지겠지만, 수학도 공식만 알면 쉽게 풀어나갈 수 있듯 체형 스타일링에도 공식이

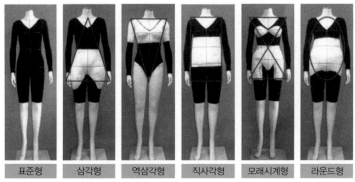

체형 유형의 특징에 맞추어 자체 제작한 체형 마네킹

| 표준형 | 삼각형 | 역삼각형 | 직사각형 | 모래시계형 | 라운드형 |

출처: 이언영, 〈면접 이미지메이킹을 위한 사이버 셀프 패션 코디네이션 시스템의 활용연구〉, 이화여자대학교 대학원 박사학위 청구논문, 2007.

존재한다. 넓은 곳은 좁아 보이게, 좁은 곳은 넓어 보이게, 곡선형의 체형은 직선의 느낌을, 직선형 체형은 곡선적 느낌을 주어 반대로 연출하는 '청개구리 스타일링' 공식을 기억하면 된다. '청개구리 스타일링'이란 내가 만들어낸 말로, '체형의 형태를 반대로 보이게 스타일링하라'는 원칙이다. 따라 하기엔 아주 쉽지만 큰 변화를 기대할 수 있는 공식이므로 적극 권하고 싶다.

디스플레이를 잘하면 마네킹도 달라 보인다

백화점에 가보면 매장마다 고객들의 시선을 집중시켜 판매를 촉진하기 위해 디스플레이에 많은 공을 들인다. 마네킹에게 가장 좋은 디자인의 옷을 입히고 예쁜 구두와 가방, 모자 등도 함께 진열한다. 사실 모든 매장의 마네킹은 거의 비슷할 텐데, 다양한 디스플레이 아이디어로 각 매장마다 달라 보일 뿐 아니라 매장의 분위기에까지 변화를 주게 된다. 이렇게 하다못해 완벽한 체형을 가진 마네킹조차도 어떻게 디스플레이를 하느냐에 따라 달라 보이는데, 사람의 변신은 그 효과가 얼마나 크겠는가?

아주 작은 소품인 구두와 가방을 매칭하는 액세서리 스타일링만으로도 전체 분위기가 변화될 수 있다. 액세서리의 선택은 의상과의 조화도 중요하지만 체형과의 조화도 매우 중요하다. 가방을 선택할 때 작고 통통한 체형이라면 심플한 디자인의 토트 숄더백이 가장 좋다. 길이는 허리 정도에 오는 것이 다리를 길어 보이게 할 수 있으며. 작고 왜소한 체형이라면 크기는 작은 형태로 가죽 소재의 밝은 컬러 가방이 체형을 보완할 수 있다. 반대로 큰 키에 우람한 체격을 가졌다면 가방도 큰 가방이 알맞으며, 팔뚝이 굵은 편이라면 끈이 가늘고 긴 쇼퍼백 스타일이 좋다.

구두를 보면, 보통 키가 작은 사람들은 플랫슈즈를 꺼리고 굽이 높은 스타일을 찾게 될 것이다. 구두의 굽도 스타일링에는 중요한 요소이지만, 컬러로도 쉽게 스타일링이 가능하다. 작은 키가 고민인데 플랫슈즈를 신고 싶다면 스킨톤과 비슷한 누드베이지 컬러의 구두를 선택하고, 키가 크지만 하이힐을 신어야 한다면 하의의 컬러나 스킨톤과 다른 컬러를 신으면 시선을 분산시킬 수 있다. 또 다리의 길이나 형태를 고려하여 체형을 보완하는 구두를 선택할 수 있다. 허벅지가 두꺼운 사람은 펌프스나 길이가 짧은 앵클 부츠, 종아리가 굵은 사람은 종아리를 감싸주는 롱부츠가 알맞고, 발목이 두껍다면 얇은 스트랩 구두를 선택하는 것이 좋다.

이렇게 체형이나 결점을 보완할 수 있는 아이템을 조화롭게 연출하면 백화점에서 눈여겨보았던 마네킹처럼 우리도 사람들의 시선을 끌 수 있는 스타일링을 완성할 수 있다.

나, 패션 이미지 있는 사람이야!!

패션 이미지는 시각적인 매개체를 통해서 전달되는 비언어적 이미지로서 간단히 패션을 통해 나타나는 분위기나 연상이라고 할 수 있다. 즉 시각적 매개체인 패션 디자인 및 스타일의 기본 요소인 의상의 형태, 컬러와 소재, 헤어 및 메이크업 등을 통해 표현되는 분위기를 일컫는다.

누구나 분위기 있는 사람이길 바랄 것이다. 그것도 상황에 걸맞은 분위기라면 그야말로 멋진 사람으로 각인될 것이다. 그런데 이렇게 멋진 분위기가 있는 사람, 즉 패션 이미지가 있는 사람이 되는 것은 그다지 어렵지 않다. 청개구리 스타일링 공식만 떠올린다면 반은 성공한 것이나 다름없다. T.P.O.을 고려하여 내 체형에 알맞는 의상을 선택하고, 그 의상에 어울리는 액세서리까지 조화롭게 스타일링한다면, 패션 이미지는 자연히 만들어진다.

얼굴에도 올바른
옷을 입히자

얼굴이 모두 동그라미처럼 생기진 않았다

1970년대 노래 중에 심봉석 작사, 신귀복 작곡의 〈얼굴〉이라는 노래가 있다. '동그라미 그리려다 무심코 그린 얼굴'로 시작되는 노래다. 실제로 미술 시간이나 상담 시간에 동그라미 하나를 그려놓고 그림을 완성해보라고 하면 많은 사람들이 동그라미에 눈, 코, 입을 그려 넣어 얼굴로 완성한다. 그런데 우리는 "어떤 얼굴이 예쁜 얼굴형인가?"라는 질문에는 동그라미형이라고 답하지 않고 계란형이라고 답한다. 갸름한 계란형 얼굴이 직관적으로 동그란 얼굴보다 예쁘다고 느끼는 것은 당연하다.

한편 사람마다 얼굴은 제각각 다 다르다. 이목구비도 다르고 얼굴형도 다르며, 또한 눈썹, 눈, 코, 입, 얼굴형이 조합되는 경우의 수도 많기 때문에 일란성 쌍둥이가 아니라면, 똑같이 생긴 사람은 없다.

동그라미가 아니라면 어떤 모양이 있지?

앞에서 황금 비율의 얼굴형을 언급한 대로 컴퓨터 미인이라고 하는 김태희의 얼굴은 갸름한 계란형이다. 계란형은 자연스러운 균형을 유지하고 있는 이상적인 얼굴형이다.

동그란 얼굴은 둥근형이라고 하는데 이마, 턱 부분의 넓이보다 광대뼈 부분이 넓은 형이다. 턱, 이마, 볼 부분이 짧고 동그란 형태로 귀여운 이미지를 줄 수 있다. 그 외로는 삼각형, 역삼각형, 사각형, 다이아몬드형, 긴 얼굴형이 있다. 삼각형은 턱 부분보다 이마 부분이 좁은 형이고, 역삼각형은 삼각형과 반대로 턱부분이 좁고 이마와 볼의 폭이 넓은 형이다.

삼각형은 턱 부분 즉, 화관이 넓어 넉넉한 이미지를 줄 수 있으나 다소 둔탁해 보일 수 있으며, 역삼각형은 섬세하고 지적인 인상을 줄 수 있다. 사각형은 이마, 턱, 광대뼈 등이 각진 형태로, 전체적인 이미지가 강하고 약간 심술쟁이처럼 보일 수 있다. 다이아몬드는 사각형처럼 각이 졌으나 이마와 턱 부분은 날렵하고 광대뼈만 강하게 튀어나온 형태로, 활동적이면서 쾌활한 이미지를 갖는다.

마지막으로 긴 얼굴형은 상하의 길이가 좌우 얼굴 폭보다 많이 길며, 수수한 이미지를 줄 수 있지만 다소 나이 들어 보일 수 있다. 지금까지 알아본 얼굴 유형 중에 나의 얼굴형은 어떤 유형에 속하는지 파악하고, 최대한 계란형으로 보일 수 있는 방법을 찾아보자. 그것이 얼굴형에 따른 스타일링이다.

얼굴형에 맞는 어울리는 스타일 찾기

얼굴형에 따라 느껴지는 이미지가 다르지만, 기본적으로 계란형 얼굴을 스스로 만들어보자. 성형외과 선생님의 수술 기구 대신 우리에겐 메이크업 도구가 있다. 메이크업을 통해 얼굴 부분 중 넓은 곳은 축소되어 보이도록 어둡게 처리하고, 좁은 곳은 넓어 보이도록 밝게 처리하면 된다. 어둡게 표현하는 것을 전문 메이크업 용어로 셰딩(Shading), 밝게 표현하는 것을 하이라이팅(Highlighting)이라고 한다. 입체적인 표현을 통해 계란형을 만드는 성형 메이크업을 하는 것이다.

성형 메이크업 말고도 변신할 수 있는 또 다른 방법은 헤어 스타일링을 통해 얼굴형에 변화를 주는 것과 네크라인이나 칼라의 형태로 목선에 변화를 주는 방법, 그리고 목걸이, 귀걸이, 스카프, 모자 등의 액세서리를 이용하여 보완하는 방법 등이 있다. 얼굴 유형에 따라 계란형 얼굴로 스타일링하는 방법을 알아보자.

첫째, 둥근형은 양 볼 부분에 섀딩 효과를 주어 축소되어 보이게 하고, 콧등에 하이라이트를 주는 것이 좋으며, 사선으로 볼 터치를 넣어주면 더욱 효과적이다. 헤어 스타일은 이마 앞부분을 높이거나 얼굴 양옆을 가리는 스타일로 얼굴형을 보완할 수 있다. 얼굴이 둥글기 때문에 동일한 형태의 라운드(Round) 네크라인, 둥근 형태의 칼라는 피하는 것이 좋으며 V 네크라인이나 스퀘어(Squre) 네크라인, 뾰족한 형태의 테일러드(Tailored) 칼라 등이 알맞다. 액세서리는 길이감이 있는 드롭(Drop)형 귀걸이나 긴 목걸이, 길게 늘어뜨리는 롱 스카프 등으로 표현하는 것이 좋다.

둘째, 삼각형은 턱 부분은 좁아 보일 수 있도록 양 턱 부분에 섀딩을 해주고, 좁은 이마는 넓어 보이도록 양쪽에 하이라이트 처리를 해준다. 헤어 스타일은 턱선 위치의 볼륨감은 피해주는 것이 좋으며 앞머리에 볼륨을 넣어주는 것이 부드러워 보일 수 있다. 깊은 U라인의 네크라인이나 칼라, 길이가 긴 목걸이, 스카프 등으로 턱선에서 멀리 시선이 분산되도록 연출해야 한다.

셋째, 역삼각형은 넓은 이마 양쪽을 어둡게 처리하여 전체적인 균형을 잡아주고 뾰족한 턱 부분은 부드럽고 환하게 표현해준다. 헤어 스타일은 턱까지 내려오거나 어깨까지 내려오는 긴 머리가 좋으며 스트레이트 스타일보다 굵은 웨이브 스타일이 보다 부드러운 느낌으로 표현되므로 추천한다. 또 이마 라인이 드러나지 않게 앞머리를 내리는 것이 좋다. V라인의 네크라인이나

얼굴 유형에 따른 네크라인 스타일링

둥근형에 어울리는 네크라인

둥근형에 안 어울리는
네크라인

긴형에 어울리는 네크라인

긴형에 안 어울리는 네크라인

각진 형과 사각형 얼굴
에 어울리는 네크라인

각진 형과 사각형 얼굴에
안 어울리는 네크라인

칼라는 피해야 하며, 특히 깊게 파진 형태는 절대 안 된다. 액세서리도 긴 목걸이나 스카프 등은 어울리지 않으며, 세로 스트라이프 무늬 등도 좋지 않다.

넷째, 사각형은 턱과 이마의 각진 형태를 섀딩 처리하여 줄여주고 코를 중심으로 한 T존 부위에 하이라이트를 주어 입체적으로 표현한다. 전체적으로 각진 형태가 두드러지기 때문에 눈썹도 곡선적인 아치형으로, 볼터치도 부드럽게 C자형이나 볼 안쪽 부분에 O자 형태로 둥글게 표현한다. 헤어 스타일은 얼굴선을 살짝 가려 동그랗게 보이게 하는 짧은 보브(Vov) 커트나 각진 턱을 가려주는 굵은 웨이브 스타일과 같이 턱선을 가릴 수 있는 것이 알맞다. 네크라인은 라운드 네크라인이나 깊은 U 네크라인이 좋으며, 스퀘어 네크라인과 폴라티 형태의 하이 네크라인이나 목 둘레에 띠 형태로 세워 스탠드(Stand) 칼라에 붙이는 밴드(Band) 칼라 형태는 절대 어울리지 않으므로 주의해야 한다. 턱선에서 시선을 분산시킬 수 있도록 긴 목걸이 연출, 스카프 및 크로스 백을 옆으로 길게 메는 방법은 결점을 보완할 수 있는 액세서리 스타일링이다

다섯째, 다이아몬드형은 가장 문제인 광대뼈를 어두운 컬러로 섀딩 처리하여 축소되어 보이게 하고, 양쪽 이마 옆 부분에 하이라이트를 준다. 또한 눈과 입술에 포인트를 주는 것도 좋다. 헤어 스타일은 앞머리를 만들되 앞이마는 살짝 보이게 하고 이마 양쪽은 살짝 가려주면 한층 부드럽게 보일 수 있다. 네크라인이나 칼라도 부드럽게 보일 수 있는 라운드형이 가장 좋으며 네크라인이 깊이 파인 상의를 입었을 경우 스카프를 네크라인에 넣어 연출하면 각진 부분을 완화시킬 수 있다. 귀걸이는 타원형

이나 곡선형의 형태를 선택해야 한다.

여섯째, 긴 얼굴형은 얼굴의 길이 조절을 위해 이마와 턱 끝에 어둡게 섀딩 처리를 한다면 짧아 보이는 효과를 얻을 수 있다. 코끝에 하이라이트를 주고 얼굴 폭이 넓어 보이도록 일자형 눈썹을 그려주면 얼굴도 짧아 보이게 된다. 헤어 스타일은 윗부분이 아닌 양쪽 옆에 볼륨을 주는 것이 알맞다. 네크라인과 칼라는 형태보다도 깊이감이 있는 스타일은 피해야 하며, 라운드 네크라인처럼 목둘레에 가까운 형태를 선택해야 한다. 길이감이 있는 귀걸이나 흔들리는 형태의 드롭형 귀걸이는 더욱 얼굴을 길게 보이게 하므로 곡선형의 디자인에 폭이 넓은 것이 좋다. 또 긴 목걸이나 스카프 연출 대신 베레모를 수평으로 눌러쓰면 긴 얼굴형을 보완할 수 있다.

그동안 얼굴을 동그란 형, 아니면 계란형이라고만 생각했다면 이제 나의 얼굴형이 어떤 형인가 구분해보고 얼굴 유형에 따른 메이크업과 헤어 스타일을 고민해보는 것이 좋다. 내 얼굴형에 관한 정확한 지식만 있어도 거리에서 쉽게 만날 수 있는 체험형 코스메틱 매장 등에서 필요한 제품을 쉽게 구입할 수 있다. 또 헤어숍에서도 디자이너에게 무조건 머리를 맡기는 수동적인 고객에서 벗어나 능동적이고 적극적으로 스타일리스트가 되어 변신할 수 있다.

상황에 따라 옷차림이 바뀌듯 얼굴에도 필요해

결점을 가리기 위해서는 먼저 얼굴형에 따라 입체 메이크업과 헤어 스타일의 형태나 길이를 조절하는 것이 필요하다. 이는 조형적인 형태의 변화를 위한 작업이다.

얼굴 유형에 따른 기본적 변화가 이루어졌다면, 다음으로는 얼굴에도 세부적인 스타일링이 시작되어야 한다. T.P.O.에 따라 의상이 선택되면, 그 의상에 맞추어 얼굴에도 조화로운 세부 스타일링이 필요하다.

컬러, 광택 등을 이용한 아이섀도, 립, 볼터치 등의 표현으로 세부 스타일링을 할 수 있는데, 예를 들어 면접이나 사무적인 업무가 이루어지는 낮 시간대라면 피부도 매트하고 전체적으로 튀지 않는 연한 컬러의 아이섀도, 립, 볼터치를 해야 한다. 또 연인과의 데이트라 해도 낮 시간의 도서관 데이트인지, 저녁 식사 데이트인지, 아니면 크리스마스의 밤 데이트인지에 따라 의상이나 얼굴 스타일링(메이크업, 헤어)은 당연히 바뀌어야 한다.

말에도 T.P.O.가
필요하다

옷 잘 입는 거친 누나

요즘 젊은 세대들을 보면 남자든 여자든 참 곱고 예쁘다. 예전에는 방송에 나오는 전문가들의 손에 의해 잘 꾸며진 아이돌들을 보면서 '어쩜 저렇게 인형같이 예쁠까? 진짜 만화 주인공처럼 잘생겼다'라는 생각을 했는데, 지금은 대학생들을 보아도 그런 생각을 하게 된다. 얼굴은 작고 키는 길쭉길쭉하게 크다. 프로포션(proportion, 의복이나 신체의 전체와 부분 또는 부분 간의 비율)이 좋아서 무엇을 걸쳐도 멋있을 텐데, 감각까지 좋아 옷도 잘 입으니 아이돌이 따로 없다.

몇 해 전 대학원 강의를 끝낸 저녁, 약속 장소인 홍대 근처로 가려고 2호선 지하철을 탄 적이 있다. 2호선은 순환선이라 한참

타고 가다 보면 거치는 대학교가 많아서 아이돌처럼 멋진 학생들을 많이 볼 수 있는데, 유독 눈에 들어오는 한 여학생이 있었다. 주먹만 한 작은 얼굴, 우윳빛 피부, 긴 생머리, 늘씬한 체형에 어울리는 반바지에 하늘거리는 블라우스 서츠와의 매칭 등 넘치지 않는 세련된 스타일링으로 더욱 눈에 띄었다.

그 학생은 남학생 3명에 둘러싸여 서 있었는데, '저렇게 예쁘니 남학생들이 안 좋아하겠어?' 하는 생각이 들어 더욱 눈을 떼지 못하고 있었다. 그런데 그렇게 생각하는 순간, 그 여학생의 입에서 쏟아져 나오는 거친 욕들에 너무나 깜짝 놀라 곧바로 다른 곳으로 눈을 돌릴 수밖에 없었다.

지하철 아이돌은 '옷 잘 입는 거친 누나'였다. 입에서 나오는 말들은 온통 거칠고 알아들을 수 없는 욕설과 은어들뿐이었다. 그 말들을 듣자니 내 머릿속에서 그 학생의 스타일리시한 모습은 온데간데없이 사라졌다. 아마 거친 말을 먼저 들었다면 스타일리시한 그 모습조차 처음부터 눈에 들어오지 않았을 것이다.

스타일링은 이렇게 시각적인 것에만 국한되는 것이 아니다. 태도와 말투, 몸가짐과 생각 등 내가 가지고 있는 모든 것을 조화롭게 다듬어야만 스타일링이 완성되는 것이다.

누군가에겐 교수이지만 누군가에겐 마누라인 나

누구나 본인의 활동 범위 내의 사람들과 소통하는 과정에서 의견충돌이 생기게 마련이다. 가족과 연인, 친구, 직장 상사, 선후배 할 것 없이 어디에서나 일어나고, 충돌을 잘 협의하는 과정에서 더 좋은 관계로도 성장할 수 있다.

부부관계에서도 그렇다. 우리 부부도 큰일보다 오히려 잔잔한 일상에서 투닥거림이 생기는데, 대부분 나이도 많고 성격도 좋은 남편이 인내하는 편이다. 그러다 남편이 "내가 당신 학생이야?"라고 화를 내면 '아차' 할 때가 종종 있다. 대부분의 시간을 학생들과 보내다 보니 집에서도 선생님 말투, 가르치는 말투를 쓰는 경우가 많았고, 그것이 남편을 '욱'하게 한 것이다. 학생들에게는 내가 가르치는 위치이지만 남편과의 관계에선 그렇지 않기 때문에, 당연히 똑같은 말투를 쓰는 것은 맞지 않다.

반복하여 다툰 끝에 우리가 찾은 해결법은 경어 쓰기였다. 가족이나 가까운 사이에서 경어를 쓰는 것은 서로를 존중해주는 효과가 있어, 다툼의 횟수를 줄일 수 있는 좋은 방법이다. 갑자기 경어 쓰기가 불편하다면 우선 중간에 한두 문장씩 "~요"만 붙여서 말하는 것으로 시작해보자. 그렇게 하다 보면 자연스럽게 경어를 쓰는 습관이 몸에 배고, 불필요한 다툼도 막을 수 있다.

말투는 사투리처럼 습관인 경우가 많다. 말을 할 때는 소통하는 상대방과 본인의 상황을 고려하여 마치 머리를 빗듯 매만져서 입 밖으로 보내야 한다.

좋은 목소리는 몰입의 첫걸음

첫인상만큼이나 오랜 시간 기억에 남는 것은 목소리이다. 얼굴을 보지 못하는 상황에서는 특히 목소리가 그 사람의 전체 이미지를 상상할 만큼 결정적인 요소가 된다.

제20대 대통령선거 이후 3월 10일, 당시 박경미 대통령 대변인은 문재인 대통령이 국민에게 전하는 메시지를 읽다가 울먹거린 일이 있었다. 며칠간 주요 뉴스에 헤드라인으로 올라 곤욕을 치르기도 했는데, 일부 사람들은 '청와대 망신, 나라 망신' 운운하며 지탄하기도 했다.

좋은 목소리가 무엇일까? 박경미 전 대통령 대변인의 목소리도 꽤 부드럽고 안정적인 편이라 좋은 목소리라고 느끼는 사람들도 있지만 대변인의 목소리로는 옳지 않다는 평도 많다. 약간의 비음이 섞인 목소리로 공적인 자리, 특히 신뢰감과 무게감을 주어야 하는 대변인 자리에는 적합하지 않은 목소리인 데다, 울먹이는 감정이 섞인 그날의 목소리는 더욱 적합하지 않았다.

이처럼 좋은 목소리는 예쁜 목소리가 아니라 상황에 적합한 목소리를 말한다. 만약 아기 같은 목소리를 가졌다면 연인과의 대화에서는 사랑스러운 목소리일 수 있겠지만, 사회생활에서는 어려움을 겪을 수 있다. 특히 전문성을 갖고 신뢰도를 주어야 하는 자리라면 콧소리, 혀짧은 소리는 반드시 없애야 한다.

콧소리를 없애려면 최대한 혀를 아래로 내려 구강의 공간을 많이 확보해서 안정된 공명, 즉 울림소리가 잘 나오도록 연습해야 한다. 한편 혀짧은 소리는 말을 끊어서 하는 스타카토 발성법과 톤을 낮추어 서술형을 '~ㅂ니다'로 마무리하는 방법으로 교정할 수 있다. 듣는 사람들의 몰입도를 확실히 높일 수 있는 비책이 있다. 그것은 의미 단위로 끊어 말하고, 단어 사이와 문장 사이에 완급조절을 하며 감탄사 등의 감정 표현 등을 잘 이용하는 것이다. 간단한 것 같지만 연습이 필요하다.

누구나 좋은 목소리를 가질 수 있다. 본인이 타고난 목소리는 좋고 나쁨이 아닌 특징일 뿐이며, 발성 및 발음 연습을 꾸준히 하고 상황에 맞는 목소리를 내면 좋은 목소리가 되는 것이다. 상황에 맞는 목소리일 때 듣는 사람들은 마법에 걸린 듯 몰입하게 된다.

느낌 있는 말을 가진 최고의 멋쟁이

요즈음은 옷을 잘 입는 사람들이 참 많다. 그런데 좋은 옷, 비싼 옷, 화려한 옷 등 대단한 옷을 입어도 표가 안 나는 사람이 있고, 흔한 옷, 싼 옷, 수수한 옷을 입어도 멋있어 보이는 사람이 있다. 무엇을 입어도 멋있는 사람. 그런 사람을 '느낌 있는 사람', ' 분위기 있는 사람'이라고 부른다. 그런데 패션 스타일링으로 '느낌 있는 사람'이 될 수는 있지만, 스피치 스타일링이 안되면 앞서 말한 '지하철 안의 옷 잘 입는 거친 누나'처럼 실망감만 주게 된다.

느낌 있는 말을 가진 최고의 멋쟁이로 스타일링의 완성도를 높이려면 설득력과 신뢰감을 주는 좋은 목소리, 전달하고자 하는 정확한 전달 내용, 목과 허리를 편 바른 자세, 정확한 발음과 함께 스피치에 어울리는 표정 연출이 필요하다. 표정을 이루는 가장 중요한 입과 눈, 눈빛이 상황과 조화를 이뤄야 한다.

기쁘고 좋은 이야기를 전달하면서 입과 눈, 눈빛은 경직되어 화가 난 사람처럼 표현한다거나, 반대로 슬프고 불편한 이야기에 웃음 띤 입과 눈, 눈빛을 보인다면 이야기를 듣는 상대는 바로 그 말의 진정성을 의심할 수밖에 없다. 살아있는 눈빛으로 자연스럽게 상대방을 쳐다보는 긍정적인 시선 처리와 함께 진정성 있는 말과 표정을 전달했을 때, 비로소 그 사람은 완벽한 스타일링을 보여주는 최고의 멋쟁이라고 불릴 자격이 있다.

시대가 변해도
불변하는 매너

나는 같이 밥 먹고 싶은 사람일까?

사회생활을 하다 보면 하루가 어찌나 빨리 가는지, 베짱이처럼 쉬며 보낸 것도 아닌데 여러 가지 일들을 해결하느라 퇴근 시간을 넘기기가 일쑤다. 그렇다 보니 모임이나 약속을 적극적으로 만들고 참석하는 횟수가 줄어들기도 한다. 게다가 코로나19로 사회적 거리두기, 재택근무, 원격 교육, 화상 회의 등이 일상화되면서 사람들과의 만남이 줄어들고, 점차 그것에도 익숙해지고 있다. 어쩌면 그동안 사람들과 어울리면서 누적된 피로를, 팬데믹을 거치며 휴식하는 시간이 되었고, 그 휴식 기간을 통해 타인과의 만남에 지친 나 자신을 되돌아볼 수 있는 기회가 되었는지도 모른다.

앞으로도 이런 경향은 지속되거나 오히려 늘어날지도 모른다. 사적인 모임뿐 아니라 사회적인 영역에서도 사람과 대면할 기회나 사람을 만나는 데 할애하는 시간은 점점 줄어들 것이다. 디지털 트랜스포메이션에 따라 키 호스트 주문, 무인 아이스크림 가게, 무인 커피숍 등 무인 서비스와 자동화 시스템이 점점 늘어가고 있다. 또한 내가 다른 사람에게 할애하는 시간이 준다는 것은 나도 누군가에게 할애받을 시간이 줄어든다는 이야기이다.

그리고 이런 식으로 저마다 '인간관계 다이어트'를 하다 보면 점차 소수의 만나고 싶은 사람, 같이 밥 먹고 싶은 사람과만 시간을 나누게 될 것이다. 그렇다면 많은 사람이 함께하고 싶은 사람, 같이 밥을 먹고 싶어 하는 사람은 어떤 사람일까?

우선 자기 위치에서 능력, 스타일, 재치, 매너, 재력 등 가진 게 많은 사람일 것이다. 그렇다면 반대로 밥 먹기 싫은 사람은? 여러 가지 조건 중에서 아마도 매너가 없는 사람이 가장 먼저 꼽힐 것이다. 능력이나 스타일, 재치, 돈이 부족한 것은 상대방을 만나기 싫어지는 커다란 이유는 되지 않는다. 하지만 매너가 없는 사람이라면 아무리 대단한 능력자라도, 억만장자라도 부족한 자기 시간을 할애하면서 만나고 싶지 않을 것이기 때문이다.

매너가 밥 먹여준다

매너가 좋은 사람과의 만남은 또 다음 자리를 약속하게 만든다. 사적인 모임에서 만남이 지속되다가 업무적인 관계, 이른바 공적인 자리로 연결되기도 하지만 취업 면접이나 사업 제안을 위한 심사 등과 같이 처음부터 공적인 자리에서의 매너는 더욱 큰 결과를 낳게 된다. 실력이나 능력의 평가와 함께 몸에 밴 매너도 함께 당락의 결정 요소가 되기 때문이다.

결국 좋은 평가로 일을 얻을 수 있고, 그것을 통해 밥을 먹을 수 있으니 '매너가 밥 먹여준다'는 말도 틀린 말은 아니다. 나만 해도 수업 시간에 바른 자세로 앉아 눈을 맞추며 열심히 공부하는 학생, 미소를 지으며 예의 바른 자세로 "안녕하세요?"라고 밝게 인사를 건네오는 학생들을 보면 맛있는 것을 사주게 되니 말이다.

학생들과 함께 밥을 먹으러 갈 때면 자연스럽게 학생들 개인에 대한 매너 평가가 될 수밖에 없다. 우선 함께 가기 위해 엘리베이터를 탈 때도, 아무 생각 없이 있다가 내가 버튼을 누르면 먼저 타거나 먼저 내리는 학생이 있고, 식당에서 안쪽이 상석이라는 개념도 모른 채 먼저 냉큼 들어가 앉거나 물, 수저, 냅킨 등을 챙기는 매너도 없이 곧바로 핸드폰만 보는 학생들도 간혹 있기 때문이다. 식사 시에 씹으면서 소리를 내지 말아야 하는 것, 수저를 한 손에 한꺼번에 들고 사용하지 않는 것, 상대방과 식사 속도를 맞추며 먹는 것, 식사 후 감사 인사를 건네는 것 등은 그야말로 가장 기본적인 식탁 예절인데도 이런 것들이 제대로 습관화되어 있지 않은 모습들도 종종 보게 된다. 상황에 따른 매너를 아직 모르는 학생들에게는 하나씩 일러주지만, 완벽한 매너를 지닌 학생들에게는 기특한 마음에 나중에 '다시 밥을 사줘야겠다'고 혼자 선약을 담아두게 된다.

앞에서 언급했던 대로 매너는 몸에 밴 습관이다. 그러므로 필요한 상황을 이해하고 연습하여 자기화시키는 것이 제일 중요하다. 반복된 연습을 통해 스스로 자연스럽게 우러나오는 태도는 나의 품격과 인격으로 자리 잡게 된다.

맛있게, 멋있게 밥 먹기

비즈니스 관계에서 식사 시간은 서로 간의 친밀감을 높여 비즈니스에 긍정적 영향력을 발휘할 수 있는 중요한 시간이다. 하지만 결례로 상대방에게 불쾌감을 주게 된다면, 반대로 부정적 영향력을 미쳐 비즈니스를 망칠 수 있다.

귀하게 얻은 식사 미팅에 품격 있는 테이블 매너를 완벽하게 소화하려면 상대방 나라의 식사 문화 및 예절에 관한 사항을 미리 알고 있어야 한다. 한식의 경우 여러 사람과 반찬을 공유하는 형식이므로, 집었던 음식은 다시 놓거나 반찬을 뒤적이지 않아야 한다. 개인 접시에 먹을 만큼만 음식을 담고, 아무리 선호하는 반찬이라도 혼자 많이 덜어 먹는 것은 예의가 아니므로 주의해야 한다.

미국이나 유럽 사람들은 식사 시간에 많은 대화를 하며 여유로운 시간을 가지는 것이 일반적이다. 따라서 급하게 음식을 계속 덜어 전달하거나 "많이 드세요"라는 말을 자주 하는 것도 상대방에게 불편을 줄 수 있다. 또한 손으로 입을 가리며 웃거나 대화하는 것은 진실하지 못하다고 생각할 수 있으므로 피해야 한다.

중국 사람들과의 식사에서는 지역마다 식생활 문화에 차이가 있을 수 있기에, 반드시 식사 전에 금기사항이 있는지 물어보아야 한다. 또 우리나라와는 달리 음식을 조금씩 남기는 것이 예의다. 비즈니스 자리에는 술이 빠지지 않는 문화도 있으므로, 상대방의 술잔이 비지 않도록 신경 쓰며 첨잔하도록 해야 한다.

일본의 경우 숟가락을 사용하지 않으며, 본인의 술잔 외에는 사용을 꺼리므로 술잔을 돌리는 것은 실례이다. 중국인과 마찬가지로 밥을 남기면 맛있다는 뜻이므로 '입에 안 맞는지' 등을 질문할 필요는 없다. 이렇듯 테이블 매너는 나라마다 차이를 보이므로 그 차이점을 글로벌하게 이해하고 활용하는 것이 좋다. 밥 한 끼를 얼마나 맛있게, 그리고 멋있게 먹는지에 따라 상대방이 우리를 협업 상대로 생각할 수도 있고, 다시는 만나지 말아야겠다고 생각할 수도 있다.

기준은 국경이 있으나, 기본은 시대도 국경도 없다

우리나라에서는 그릇을 들고 먹거나 마시면 버릇이 없다며 어른들께 한소리를 듣기 십상이다. 하지만 가까운 나라임에도 일본에서는 왼쪽 손에 그릇을 들고 젓가락으로 건져 먹은 뒤 국을 마시는 것이 일반적이다. 또 수저를 그릇 위에 올려놓지 않는 것이 좋다고 어릴 적부터 밥상머리 교육을 받은 우리나라와는 달리, 서양에서는 접시에 포크와 나이프를 어떻게 놓느냐에 따라 식사 중인지 끝인지 알 수 있다.

이렇듯 같은 상황에서도 같은 행동이 정답이 아니며, 식사 예절은 그 나라의 문화를 담고 있어 예절의 기준에도 차이가 있다. 오랫동안 토착화된 문화 규범은 쉽게 변화되지 않는다.

한편으로는 나라를 불문하고 꼭 지켜야 하는 공통 기본예절도 분명히 존재한다. 예를 들어 상대방의 식성을 고려해서 식당 및 메뉴를 정해야 하고, 약속시간은 철저히 지켜야 한다는 것 등이다. 또 상대방의 식사 속도에 맞추어 속도를 조절하고, 입안에 음식이 있는 상태로 말하지 않아야 한다. 상대방이 음식이나 술을 한두 번 거절했는데도 재차 권하는 것은 불편함을 줄 수 있으며, 식사 중 문자나 메신저 사용, 통화 등은 자제해야 한다.

세계 어디에서도 웃으며 인사하면, 언어가 통하지 않는 처음 보는 사람들과도 호감을 나눌 수 있다. 인사는 매너의 기본이기 때문이다. 마찬가지로 테이블 매너에도 기본적인 부분은 일치하는 것이다. 넓은 세계 무대를 활보하려면 이처럼 기본에 충실하되, 다양한 기준을 이해하고 그에 맞추어 행동할 수 있는 글로벌 마인드가 필요하다.

따라 하기 쉬운 스타일링 12문 12답

"당신의 스타일링을 코칭해드립니다!"

···· Question 1. 면접 스타일링을 어떻게 하면 좋을까요?

졸업을 한 지 2년이 되었지만 아직도 취업 준비 중인 여학생입니다. 이렇게 취업하기가 어려운지 몰랐습니다. 특히 면접에서 번번이 떨어지고 있어서 우울해요. 제 옷차림이나 말투, 태도에 문제가 있는지 궁금하지만, 누구에게 물어볼 수도 없어서 답답합니다.

면접에 들어가면 면접관 눈에 가장 먼저 띄는 것이 옷차림일 텐데요. 제가 요령이 없어서인지 어떻게 입어야 할지 잘 모르겠습니다. 면접 때 가장 무난하면서 좋은 인상을 줄 수 있는 스타일링은 어떤 것일까요?

···· Answer 1.

호감을 주는 면접 스타일링을 위해서는 단정한 면접 의상과 헤어·메이크업, 차분하고 당당한 태도, 질문에 당황하지 않고 조리 있게 응답할 수 있는 스피치가 모두 필요합니다.

의상은 창의력을 발휘해야 하는 디자인 및 예술 분야를 제외하고 일반적인 분야에서는 단정한 느낌을 줄 수 있는 네이비나 베이지 컬러 계열의 치마 정장이나 바지 정장이 좋습니다. 너무 화려한 무늬나 디자인은 피하며, 무늬가 없는 것이나 스트라이프 무늬 정도가 바람직합니다. 액세서리 역시 시계, 작은 크기의 귀에 붙는 형태인 버튼(Button)형 귀걸이 정도로 제한하는 것이 좋으며, 긴 머리의 경우는 가지런히 묶어주시면 됩니다.

메이크업도 눈, 입술, 볼에 색조 표현이 너무 강하지 않도록 주의하되 이목구비가 또렷해 보이도록 연출해야 합니다. 얼굴색이 밝지 않다면 성격도 어두워 보일 수 있으므로 입술 색을 코럴 컬러로 표현하거나, 재킷 안에 받쳐 입는 이너를 좀 더 밝게 입으면 보완할 수 있습니다.

면접은 자리에 앉는 모습, 말하는 태도 등도 점수로 크게 반영됩니다. 바른 자세는 무릎을 붙이고 치마 위에 손을 모아 치마가 뜨지 않도록 앉고, 자연스러운 미소로 면접관의 코끝 정도를 부드럽게 쳐다보는 것입니다.

질문에 응답할 때는 긴장하여 말이 빨라질 수 있으므로 조금 느리게 말한다는 생각으로 또박또박 말하되 "어… 음…"과 같이 더듬는 말은 절대 하지 않도록 노력하세요. 바로 답변이 생각나지 않는다면 "어… 음…" 하고 뜸을 들이는 것이 아니라, "저의 생각은" 또는 "○○라는 질문을 주셨는데요. ○○는…" 과 같이 질문을 다시 한번 말하면서 생각할 시간을 버는 것도 좋은 방법입니다. 답변을 할 때에는 다른 곳을 응시하거나 질 문한 면접관만 뚫어지게 쳐다보지 말고 면접관 모두에게 시선 을 주는 여유를 보여주면 좋습니다.

····Question 2. 전업주부로 아이를 키우며 살다 보니 멋 내 는 법을 잊어버렸습니다.

39세 주부입니다. 출산 이후 전업주부로 살다 보니 나를 가꿀 여유가 없어 스타일링과는 담을 쌓고 살았습니다. 그런데 아 이가 초등학교에 입학하고 나니 반 친구 엄마들 모임이나 상 담 등 외출할 일들이 자주 생기네요. 매번 다른 옷을 챙겨 입기 도 어려운데, 어떤 의상을 구비해야 갑작스런 모임에 다양하 게 스타일링할 수 있을까요?

····Answer 2.

매번 모임마다 다른 의상을 구입하여 연출하는 것은 어려운 일입니다. 그러므로 멀티 코디네이션(Multi Coordination, 동일한 아이템으로 여러 가지의 코디네이션을 하는 방법)이 가능한 아이템을 갖추어두는 것이 좋습니다. 즉 원피스를 2~3벌 구입하는 것이 아니라, 블라우스 셔츠 몇 벌과 스커트, 팬츠, 카디건 등 아이템을 다르게 구입하되 모든 아이템의 색상이 서로 조화되도록 고려하여 구입하면, 서로 다른 스타일링을 다양하게 연출할 수 있습니다.

요즘에는 의상 대여 서비스 앱도 많이 개발되어 있어 구입하지 않고 대여하여 다양한 의상을 스타일링하는 방법도 있으니, 참고해보세요.

의상뿐만 아니라 헤어 스타일에 따라서도 분위기가 상당히 달라지기 때문에 묶거나 웨이브 등으로 헤어의 형태를 다르게 연출하는 방법, 가방이나 구두, 모자 등 액세서리를 활용하여 스타일에 변화를 주면 더욱 효과가 좋습니다.

···· Question 3. 수줍고 내성적인 저, 다른 사람들 앞에 나설 때 눈을 둘 데가 없습니다.

저는 대학생인데 학교에서 발표하는 수업이 너무 많아요. 내성적인 성격이라 앞에 나가서 말하는 것도 싫고, 다른 학생들의 눈을 마주 보고 말하는 것이 너무 어려워요. 어떻게 시선 처리를 해야 할까요?

다수의 사람들 앞에서 발표할 때는 듣고 있는 사람들에게 시선을 고르게 분배하는 것이 좋습니다. 익숙해질 때까지는 중앙에 있는 한 사람에게 시선을 맞추고, '하나, 둘, 셋'을 세고 다시 다른 사람에게 시선을 이동하여 같은 시간 동안 눈 맞춤을 해보는 방법을 추천합니다. 이렇게 하다 보면 금세 익숙해질 수 있습니다.

자세도 중요합니다. 눈만 움직이면 상대방이 흘겨보는 것으로 느낄 수 있으므로, 목과 몸도 살짝 움직이면서 시선을 이동시켜야 합니다. 보고 있는 대중들이 소그룹일 경우는 2등분, 대그룹일 경우는 4등분으로 나누어 시선을 분배하면 됩니다. 다만 팔짱을 끼거나 허리에 손 얹기, 주머니에 손 넣기, 뒷짐 지기, 손을 만지작거리거나 머리를 긁적이는 자세 등은 절대 하지 말아야 하는 행동이니 주의하는 것이 좋습니다.

···· Question 4. 저는 키가 작은데, 청바지를 너무 좋아합니다. 좀 더 늘씬해 보이게 입는 방법이 없을까요?

저는 키가 작은 여학생인데 청바지를 입는 것을 좋아합니다. 키가 작다 보니 청바지를 사면 길이가 길어서 늘 잘라 입는데요, 청바지뿐 아니라 다른 바지도 사면 늘 10센티미터 이상은 수선해서 입어야 합니다. 요즘은 바지가 길게 나와 거의 정강이 부분까지 잘라야 할 때도 있어요. 가능하면 바지의 스타일을 해치지 않고 싶은데 어떤 핏의 바지를 사는 게 그나마 바지 모양이 흐트러지지 않을까요? 또, 다리가 길어 보이도록 입는 방법이 있을까요?

Answer 4.

청바지는 가장 대중적인 아이템으로, 어떤 상의 아이템과 스타일링하느냐에 따라 다양한 느낌을 표현할 수 있는 매력적인 아이템입니다. 현재 키가 작은 체형인데 다리가 좀 더 길어 보이고 싶다면 가장 간단한 방법은 청바지 길이를 길게 입되 속에 높은 힐의 구두를 신는 것입니다.

바짓단 속에 보이지 않게 키높이 힐을 신으면 전체 키와 함께 다리도 길어 보이는 효과를 볼 수 있죠. 단 스키니진을 착용하면 힐이 드러나므로 부츠컷이나 와이드, 스트레이트 팬츠 형태를 선택해야 합니다. 그리고 상의를 착용할 때 상의 길이가 길면 더욱 다리 길이가 짧아 보일 수 있으므로 상의 길이가 짧은 셔츠, 재킷 등과 함께 매치하면 상대적으로 다리 길이가 길어 보이게 됩니다.

상체보다 하체가 현저히 짧은 경우는 목걸이나 귀걸이 착용, 쁘띠 스카프, 네크라인이나 칼라에 액센트 컬러로 포인트를 주는 방법 등으로 시선을 위로 이동시키고, 짧은 다리에 시선이 머무르지 않도록 스타일링하세요.

결혼식 갈 때 신부보다 예쁘게 입고 가면 안 된다는데, 그 기준이 있을까요?

얼마 전 여고 동창 결혼식에 한 친구가 레이스 달린 노란 원피스를 입고 와서 신부로부터 원성을 들었습니다. 동창들 사이에서는 "그 친구가 선을 넘었네", "흰색이 아니니 괜찮네" 하면서 갑론을박이 오고갔는데요, 적절한 결혼식 복장이 따로 있는 걸까요? 결혼식에 초대받았을 때는 신부를 고려하여 너무 화려해도 안 된다는 소리를 하는데, 저마다 기준이 달라서 벌어진 일 같습니다. 적절한 선을 알고 싶습니다.

···· Answer 5.

결혼식 하객 의상으로 딱 정해진 의상은 없지만, 결혼 당사자들에게는 가장 축복받을 큰 행사이므로 초대받은 사람들도 예의를 갖추어 입고 가는 것이 마땅하겠지요. 그래서 '하객 패션'이라는 키워드가 생길 만큼 많은 사람들이 중요하게 생각하는 스타일링이라고 볼 수 있습니다.

일반적으로 남자들의 경우 정장을 입는 것이 알맞으며, 꼭 한

벌 슈트의 클래식한 형태가 아닌 세미 정장 정도도 괜찮습니다. 여자들의 경우는 원피스나 치마 정장 형태가 가장 무난한데 무늬가 너무 화려하거나 컬러가 강할 경우 가장 돋보여야 할 신부의 웨딩드레스가 가려질 수 있으므로 피해야 합니다. 반대로 순백색의 드레스 컬러와 동일한 올 화이트의 의상을 입는 것도 좋지 않습니다.

컬러 배색 없이 올 화이트 의상을 입게 되었을 경우는 겉에 재킷이나 조끼 등 아이템을 덧입거나 스카프나 목걸이 등의 액세서리로 컬러 포인트를 주어 변화를 주면 됩니다.

노란 원피스를 입었다는 그 동창분은 아마도 다른 아이템 없이 원피스만 입었을 거예요. 흰색은 아니지만 노란 원피스에 화려한 레이스라면, 신부의 의상이 묻혀 보일 수도 있을 테니 다른 사람들 눈에 오해를 불러일으켰을 수도 있겠네요.

···· Question 6. 말이 빨라 공식 석상에서 상대방이 제 말을 되묻는 경우가 잦습니다. 고칠 수 있을까요?

업무에 관한 회의를 하다 보면 의견이 충돌하는 경우가 있는데, 워낙 목소리가 높은 데다 자꾸 말의 속도가 빨라져서 감정 조절이 안 되는 듯한 느낌을 줄 때가 많습니다. 그렇다 보면 의견 협의 과정에 어려움을 겪게 되기도 합니다. 말하는 속도가 빠른 것을 고치려면 어떻게 해야 할까요?

.... Answer 6.

스피치는 거의 습관적이기 때문에 스스로 고치기 위한 노력이
필요합니다.

말의 속도가 빠른 기본적인 이유는 호흡이 얕고 입을 크게 벌
리지 않기 때문입니다. 일상생활에서 복식호흡을 자주 하면
호흡이 깊어지므로 크게 도움이 됩니다. 스스로 말을 할 때 하
품하듯이 입을 크게 벌려 몇 분씩이라도 매일 소리를 내어 책
을 읽는 연습을 해보십시오. 또한 모음을 길게 말하도록 하고,
서술어를 하강조로 내려 말하는 것으로 높은 목소리를 낮출
수 있습니다. 물론 하루이틀의 연습으로 마법처럼 변화하기는
어렵지만, 꾸준히 하다 보면 반드시 바뀔 수 있습니다.

.... Question 7. 레스토랑에 가면 입구에서부터 부담이 밀려

와 정신이 없습니다. 서양의 식탁 매너를 알고 싶습니다.
외국계 회사를 다니고 있어 외국인 손님과 식사 약속이 종종
생깁니다. 그런데 제게는 너무 부담스럽고 먼 식사 시간입니
다. 자리에 앉을 때 다리는 어떻게 해야 하는지, 가방은 어디에
놓아야 하는지, 냅킨은 어디에 펼쳐야 하는지도 헷갈리고, 포

크와 나이프는 왜 이리 많은지 늘 헷갈립니다. 식사를 남겨야 하는지, 싹싹 비워야 하는지도 모르겠고요. 서양 식탁 매너를 정리해서 알려주세요.

···· Answer 7.

지금과 같은 글로벌 시대에는 식사 예절도 글로벌해야 합니다. 특히 손님과의 식사 약속은 업무의 연장이라고도 볼 수 있으니 더욱 중요합니다.

우선 식사 시간보다 적어도 5분 일찍 도착하고, 화장실은 미리 다녀와 식사 중에 자리를 비우지 않아야 합니다. 손님에게 상석, 즉 안쪽 자리를 남겨두고 앉되 테이블에는 핸드폰이나 가방 등을 올려두지 않도록 합니다.

식사는 애피타이저, 수프, 샐러드, 주요리, 디저트와 티의 순서로 나오는 것이 일반적이며 풀코스에는 에피타이저와 함께 식전주, 주요리 전에 생선 요리와 입가심을 위한 서벗(Sherbet), 디저트 전에 와인과 어울리는 각종 치즈가 나오기도 합니다.

테이블에 유리잔이 여러 개 있을 경우에는 시계 방향으로 물잔, 레드 와인잔, 샴페인 잔, 화이트 와인잔인데 웨이터가 알아서 술의 종류에 따라 잔에 서빙해주기 때문에 특별히 염려할 필요는 없습니다.

중앙접시의 양쪽으로 놓인 여러 개의 스푼, 포크, 나이프는 바

깔쪽부터 사용하면 되고, 이미 사용한 것은 회수되므로 쓴 뒤 접시에 놓으면 됩니다. 왼쪽 손에 포크, 오른쪽 손에 나이프를 들어 한입 크기로 고기나 생선을 썰어 먹고, 식사를 잠시 쉬는 경우는 'ㅅ' 형태로 접시에 둡니다. 식사가 모두 끝난 경우는 11시 방향으로 포크는 위로 향하도록 하고 나이프는 칼날이 안쪽으로 향하게 가지런히 놓아두어 식사 종료를 표시합니다.

···· Question 8. 동안 소리를 들을 정도로 너무 어려 보입니다. 남들은 좋겠다고 하지만 사회생활에는 도움이 안 됩니다. 동안을 커버할 수 있는 스타일을 알고 싶습니다.

저는 30대 후반 여성으로 현재 영업직을 하고 있습니다. 제 고민은 얼굴형이 둥근형이라는 것입니다. 얼굴형 때문에 동안(童顔)이라는 이야기를 많이 듣는데, 그 말이 좋을 때도 있지만 사회생활을 하는 입장에서 너무 어려 보이는 것이 좋지만은 않습니다.

특히 영업직으로 일하다 보니 고객들이 제가 어린 나이일 거라 생각하고 예의 없이 대하는 경우도 많고, 업무 성사에 부정적인 결과를 초래하기도 합니다. 둥근 얼굴형을 보완하는 스타일링 방법을 알려주세요.

둥근형은 귀엽고 어려 보이는 느낌을 주므로 좀 더 성숙한 분위기를 표현하기 위해서 얼굴이 갸름해 보이게 스타일링하면 됩니다. 얼굴형을 보완하는 데 가장 효과적인 것은 메이크업과 헤어 스타일링로 변화를 주는 방법입니다.

전체적으로 길어 보이게 하려면 정수리 부분에 볼륨을 주고 옆 가르마를 이용하되 비대칭으로 앞머리를 넘기면 좋습니다. 반대로 둥근 단발머리나 앞머리가 없이 올백으로 넘긴 형태, 웨이브 퍼머의 헤어 스타일링은 절대 피해야 합니다.

메이크업으로는 우선 눈썹을 직선형이나 상승형으로 그려주고 아이섀도나 볼에 치크 표현을 할 때도 사선형으로 표현해야 둥근 이미지에서 벗어날 수 있습니다.

의상은 깊은 V 네크라인이나 뾰족한 테일러드 칼라가 있는 상의를 착용하고, 셔츠의 경우 단추를 2개 정도 오픈하여 입는 것이 좋으며, 긴 목걸이를 착용하는 것도 좋은 선택입니다. 길게 늘어지는 귀걸이도 좋은데, 단 둥근 형태가 아닌 각진 형태를 선택해야 합니다. 또 직사각형 테의 안경을 쓰는 방법도 좋은 액세서리 스타일링 방법입니다. 이렇게 활용해보면 만족스러운 변화를 얻을 수 있을 것입니다.

···· Question 9. 대학을 졸업하고 취업을 했습니다. 멋있게 정장 슈트를 입을 수 있는 방법이 있을까요?

사회 초년생 남자입니다. 사회에 진출한 축하 선물로 정장 슈트를 받았는데, 그동안 캐주얼한 셔츠 차림으로만 지내다 보니 입어도 어색한 느낌뿐입니다. 남자 정장을 멋있게 입는 방법이 있을까요?

···· Answer 9.

요즘은 대기업이나 공기관에서도 정장 차림만을 고수하지 않고, 복장에 자율성을 많이 부여하고 있습니다. 하지만 정장 차림이 필요한 경우가 종종 생길 수 있으니, 올바르게 정장을 스타일링하는 팁을 알아두면 좋습니다.

정장 차림에 드레스 셔츠를 입을 때, 원칙적으로는 러닝셔츠가 비치지 않도록 맨살에 입고 긴팔 셔츠를 입어야 하지만, 요즘에는 너무 흉하지 않은 선에서 여름에 반팔 셔츠를 입거나 반팔 셔츠 위에 재킷이 아닌 베스트(조끼)만 입기도 합니다. 또한 예전에는 슈트 상의와 하의가 한 세트로 같은 원단이었지만 현재는 서로 조화가 된다면 재킷과 반드시 동일한 색상과 원단의 팬츠를 고집하지는 않습니다.

한편 꼭 지켜야 할 것이 있는데 우선 벨트와 서스펜더(멜빵)는 함께 사용하지 않고, 양말은 팬츠의 색과 동일한 계열로 선택해야 합니다. 구두 역시 정장 슈트와 같은 색이 좋으며 광택이 심하거나 장식이 과한 것은 피해야 합니다.

넥타이의 경우는 너비가 좁은 것도 있고 넓은 것도 있는데, 너무 좁으면 정중한 느낌이 들지 않으니 상황에 맞추어 선택하고 바지 허리 밴드에 닿을 정도로 매는 것이 알맞은 길이입니다.

싱글 버튼 재킷에서 마지막 단추는 채우지 않고 풀어놓는 것이 올바르며, 목 뒷부분의 재킷 칼라보다 안에 입은 드레스의 셔츠 칼라가 1~1.5센티미터 정도 높게, 소매 끝도 재킷 소맷단보다 안쪽 드레스 소맷단이 1~1.5센티미터 정도 길게 나오면 더욱 정갈한 이미지를 줄 수 있습니다.

···· Question 10. 직장생활을 하다 보면 갑자기 부고 연락을 받을 때가 있습니다. 장례식장에 알맞은 옷차림과 매너를 알려주세요.

2년 차 회사원입니다. 직장생활을 하다 보니 직장 상사나 거래처, 지인들의 부고 연락을 갑자기 받게 될 때가 있습니다. 일반적으로 검은색 의상을 입어야 한다는 것은 알고 있지만, 갑작스런 연락에 옷을 챙기지 못할 때도 있습니다. 검은색이면 아무 옷이나 상관없을까요? 그리고 장례식장에 가서도 어떻게 조문하는 것이 맞는지 잘 몰라 답답합니다.

···· Answer 10.

장례 식장에 조문을 갈 때는 남녀 모두 검은색 의상으로 단정하게 입는 것이 예의를 갖춘 옷차림입니다. 일상복에서 의상을 바꿔입고 가야 하지만, 혹시 상황이 어렵다면 단순하고 짙은 색의 옷차림이라면 가능합니다. 단, 상주를 비롯한 가족들에게 조문 시 상황이 여의치 않았음을 간단히 설명하면 좋겠습니다.

검은색 의상이라고 해서 모두 알맞다고 할 수도 없습니다. 디자인이 독특하거나 여러 겹을 복잡하게 코디네이션한 레이어드 룩(Layered Look)은 어울리지 않습니다. 또 반짝임이 있거나 속이 훤하게 비치는 망사와 레이스, 펑키한 이미지를 주는 가죽이나 인조가죽 등은 피해야 합니다. 치마나 바지의 길이가 너무 짧거나 소매가 없는 원피스 등 노출이 심한 패션도 피해야 하며, 액세서리나 컬러가 두드러지는 메이크업도 하지 않아야 합니다.

여성의 경우 컬러 스타킹, 망사 스타킹 또는 맨다리가 드러나는 노 스타킹 모두 적절하지 않으니 검은색 스타킹을 신도록 합니다. 남성의 경우 와이셔츠 컬러나 무늬는 화려하지 않아야 하며, 넥타이와 양말은 검은색이 기본이지만 넥타이가 없다면 하지 않거나 화려하지 않은 넥타이라면 그대로도 무방합니다.

알맞은 의상을 입었다면 알맞은 조문 행동도 중요합니다.

우선 문밖에 외투를 벗어두고 조객록에 이름을 씁니다. 다음으로 상주와 목례를 한 후 분향이나 헌화를 하면 됩니다. 분향이란 향에 불을 붙여 분향소에 배치된 향 그릇에 꽂는 것을 말하는데, 보통 오른손으로 향 1개 또는 3개를 집어 촛불에 갖다 대 불을 붙이고, 왼손을 흔들어 불을 끈 상태에서 향 그릇에 꽂습니다. 3개의 향을 꽂을 경우 한 개씩 순차적으로 꼽아야 합니다. 회사에서 단체로 방문했을 경우 대표로 한 사람만 분향하면 됩니다.

헌화를 할 경우에는 오른손으로 꽃을 들고 왼손으로 꽃을 받쳐 반드시 꽃이 영정 쪽으로 향하도록 올려놓아야 합니다.

분향과 헌화가 끝나면 두 번 절을 하거나 기독교일 경우 묵념을 합니다. 절을 할 때에는 남자는 오른손을 왼손 위로, 여자는 그 반대로 왼손이 위로 가게 공수하고, 공수한 손을 눈까지 올린 후 몸을 숙여 깊이 절을 합니다. 고인의 집안이나 자신의 종교가 기독교라면 절 대신 간단히 묵념으로 대신하기도 합니다. 잠시 고개를 숙이고 묵념 시간 동안 기도하면 됩니다.

다음은 상주 쪽으로 몸을 돌려 절을 하거나 정중히 고개를 숙여 인사하는데, 낮은 목소리로 짧게 조문 인사말을 건넵니다. 이후 부의함에 부의금을 전달하는데, 부의금은 조객록 작성 시에 부의함에 넣어도 상관없습니다.

···· Question 11. 영업 시 튀는 옷차림이나 스타일링 방법이 득이 될까요? 아니면 해가 될까요?

영업직에 종사하고 있는 30대 여성입니다. 워낙 화려한 스타일을 좋아하는 데다가 일에도 도움이 될 것 같아서 화려하고 튀는 옷차림을 일상화하고 있습니다. 이러한 스타일링 방법이 업무에 도움이 되는지 알고 싶습니다.

···· Answer 11.

영업직에서의 옷차림은 고객에게 나와 기업의 이미지를 전달하는 의미를 가집니다. 무조건 멋있고 화려한 옷차림이 득이 된다고 할 수는 없지만, 호감을 주는 옷차림은 분명 득이 된다고 말할 수 있습니다. 호감을 주는 옷차림이란 단정하되 패션 감각과 센스가 있는 옷차림입니다. 또 고객의 눈높이에 맞추어야 하므로, 너무 과감한 컬러나 무늬 등을 사용하여 화려한 스타일링으로 튀어 보이는 것은 좋지 않습니다. 화려하지 않더라도 가방 등의 소품과 잘 맞추어 스타일링하면 고객에게 호감과 신뢰감을 줄 수 있고, 업무에도 긍정적인 평가로 이어질 수 있습니다. 다른 사람보다 튀어 보여서 고객에게 빠른 인식을 주거나 명품이나 비싼 옷들로 치장하여 연출하는 것보다는 안정감 있는 패션이 오히려 신뢰감을 줄 수 있다는 것을 기억하시기 바랍니다.

···· Question 12. 몸이 왜소한 데다가 키도 작아 아이처럼 보이는 꼬꼬마 키작녀입니다. 저에게 어울리는 모자 스타일링을 알고 싶습니다. 저처럼 꼬꼬마에게도 어울리는 모자가 있을까요?

저는 체구도 키도 작습니다. 그런데 지난여름에 큰마음을 먹고 비싼 돈을 들여 챙이 큰 밀짚모자를 하나 샀어요. 여름휴가에 잔뜩 멋을 내고 그 모자를 쓰고 친구들을 만났는데 "모자에 가려 너는 보이지도 않는다"라며 엄청 놀림을 받았습니다. 주변에 모자를 쓴 멋쟁이들을 보면 그렇게 부러울 수가 없습니다. 저에게 어울리는 모자를 알려주세요.

···· Answer 12.

간단한 모자 아이템 하나만으로도 놀랄 만한 패션 센스를 연출할 수 있습니다. 모자는 어떤 체형이든 쓸 수 있지만, 단 본인의 얼굴형과 체형에 알맞은 모자를 선택해야 합니다. 키가 작고 왜소한 체형은 무조건 크라운(모자의 높이)이 높고 챙이 좁은 모자를 써야 합니다. 크라운이 높으면 키가 커 보이는 마법의 한 수가 될 수 있습니다. 또한 크라운 스타일 모자는 높이뿐만 아니라 모자의 형태로도 효과적인 스타일링에 도움이 됩니다.

모자에 장식이 있는 형태 그리고 크라운이 살짝 기울어진 형태, 챙이 위로 올라가거나 비스듬한 형태의 모자는 모두 키도 커 보이고, 시선을 모자 쪽으로 분산시킬 수 있어 왜소한 체형을 커버할 수 있습니다.

고객을 팬으로 만드는 트렌드 주도하기

라이프스타일로 마케팅하다

이상구 지음 | 15,000원

**언제까지 물건만 팔 것인가?
라이프스타일을 판매할 때 고객이 열광한다!**

남들과 차별화된 일상은 다른 사람들에게 자랑하고 싶은 이색적인 트렌드로 작용한다. 그렇기 때문에 라이프스타일 기획과 마케팅은 경험을 중요하게 여기는 요즘 시대 소비자들의 마음을 끌어당긴다. 소비자들이 열광하는 브랜드는 라이프스타일을 주도한다. 저자는 라이프스타일 기획이 어떻게 고객을 팬으로 만들 수 있는지 그리고 다가오는 미래에 어떤 라이프스타일이 가치 있는지 알려준다. 이 책을 통해 급변하는 시대 속에서 평생 고객을 만드는 '성공하는 라이프스타일'을 찾아보자!

눈앞의 '상대'를 사로잡는 비법

YES를 끌어내는 13가지 방법

김희영 지음 | 14,500원

**영업과 비즈니스 그리고 인간관계와 소통에서
성공하고 싶다면 초영향력으로 상대방을 리드하라!**

하루 24시간은 모두에게 공평하게 주어진다. 그러나 누군가는 점점 더 똑똑해지고, 누군가는 자신만의 개성과 장점을 살려내는 방법을 안다. 이런 차이는 어디에서 오는 것일까? 바로 장소와 시간에 구애받지 않고 '상대방(고객)의 행동과 마음을 움직이는 방법'을 아는 일이 될 것이다. 더 나아가 상대방에게 내가 필요한 존재임을 알릴 수 있는 '초영향력 인재가 되는 것! 그것이 새롭게 판이 짜여지는 앞으로의 시대를 리드하는 핵심 능력이 될 것이다. 언제 어디서든 상대의 마음을 움직이고 싶다면, 내 삶에 긍정에너지를 끌어올리고 싶다면 지금 당장 저자가 풀어주는 13가지 방법에 귀를 기울여보라!

미라클 액션

하재준 지음 | 14,000원

"행동이 없으면 오늘과 내일은 같은 날이다!"
망설이는 당신을 행동파로 만드는 행동력 훈련

스무 살에 분양사무소에서 영업을 시작해 37세인 지금 10여 개의 법인회사와 개인 사업체의 대표가 된 저자는 17년간 치열한 사업의 현장에서 살아남은 무기로 '남다른 행동력'을 꼽는다. 저자는 아침 알람 소리 한 번에 자리를 털고 일어나고, 발품을 한 번 더 팔고, '안 된다는 생각'은 없음을 다짐하고, 경험은 돈을 주고도 사며, 상대의 말은 끝까지 경청하는 등 사소한 행동 한 가지부터 행동하고 실천하라고 조언한다. 생각하느라 시간을 다 쓰는 사람들, 주저하는 데 많은 공을 들이는 사람들에게 매우 긍정적인 동기부여가 되어줄 것이다.

행동력을
결정짓는
액션플랜 법칙 5

초자신감

임채엽 지음 | 13,800원

두려움을 마주하면 삶이 달라진다!
삶과 비즈니스를 바꾸는 실행 에너지 '초자신감'

우리는 언제 두려움을 느낄까? 시험을 앞두고 있을 때, 회사에서 프로젝트를 맡았을 때, 많은 사람 앞에서 강의해야 할 때 등 우리는 다양한 두려움을 느끼며 살아가고, 그 두려움은 불안감이 되어 내 행동과 정신에 영향을 준다. 하지만 여기 내 안의 용기를 끄집어내고 두려움을 설렘으로 만들어주는 방법을 소개하는 책이 있다! 두려움에는 우리가 모르던 메커니즘이 분명 존재한다. 그 메커니즘을 파악해 연결고리를 끊어내면 두려움도, 실패도 내일을 위한 밑거름으로 만들 수 있다! 더이상 움츠러들지 말고 당당하게 '초자신감'으로 무장해서 살아가자!

인생이 변하는
두려움 극복
프로젝트